河出文庫

日本怪奇物語

富岡直方

河出書房新社

序

藤沢衛彦

奇の本義は、他と異なりて珍らしく、全く匹耦《ひつぐう》のなきを意味する。その字、大の下に可を繋いで大いに可《よ》しは意味深長である。けだし、大は小を兼ね、しかもその最も大なるは他と少なからず異なる。異なるものは元来めずらしければ転じて不思議を含み、たまたま秘密と解せられて猟奇の熟語も将来される。

奇はまた偶数に対する奇数、二分して尽きざる数であり、分割せられぬものである。支那はこれを陽表象として一画に表わし、ヘブルはこれを数の真理とし不変化の表象であるとする。

ピタゴリアン派は奇数の表象をつぎの如く見ている。

一――は、本質的である。

三――は、仲介・贖罪・完全、また、始・中央・終。

五——は、陰陽交合を象徴する。二と三との結合である。二は即ち関係ある差異であるとする。

七——は、完全なる宇宙の数である。うち、三は神を表わし、四は世界を表わす、神と世界である。四の世界を表象するは、四は四方、指摘された真四角即ち地の象徴とされるに拠る。

九——は、三つの力の三重。数の行くべき限界で、完全なる陽を表わす。即ちまた奇の三重奏である。

三つの力は即ち天・地・人、この三つの力は一つとなって宇宙・神を表象する。この力はかく融合すべきものであって分則さるべきものでない。

そこに奇の本質があり、そこに奇の真理がある。

奇のあやしさ、奇のめずらしさ、奇の不思議さは、結局割り尽くされざるところにあり、その妙珍異怪に対して、常に正以上の興味がかけられる所以である。

正史に対しての奇史は裏面史・変態史・異態史と共に、正史がつねになおざりにしがちな奇を含む内容であるだけ、興味があり、しかもそこにまた捨てられざる社会の実象が存するところに意義がある。この意味において、今東西またその資料を提供するものに乏しくなく、わが『大日本史』もまた天文動植のうちにその奇形・奇状のあるを記し、世界の民俗を記せるもののうちには、われわれが今日奇習とし、奇態とする多くの伝承を見る。

しかし、一目的を以て、その奇々妙々を編し、その奇々怪々を以て時代世相を知らしめんとするは稀である。

富岡君の怪奇物語は史を編むとしては変態的であるが、その編年体に蒐集された奇怪な社会事象の多くは、自然のうちに一世相史なるを示せる効果において、読書子をして興味百パーセントの満喫に随喜せしむるに相違あるまい。ことに本書は、さきに刊行された『江戸時代篇』の後を受くるものとして、江戸明治両時代より現代に繋がる社会事象の奇怪を点綴せしめて一大奇観を展開せしめている。

私は両書四百異聞を蒐集公開せしめた富岡君の労を多とし、その奇構に世の史家の奇評なからんことを祈る。

藤沢衛彦

はしがき

昭和八年の新春を迎えて江戸篇「怪奇物語」についで、ここに明治、大正、昭和の時代を一括した「怪奇物語」を上梓することとなった。

初め、自己の興味から、怪奇、艶奇、笑奇くさぐさの実話記録を、折にふれ書き集めたものであるから、さてこれを一冊にまとめてみようとすると、すこぶる物足らぬ点の多いのが遺憾である。ただ多少とも、正史の陰にひそむ、その時代の流れに漂い浮ぶ猟奇の世界を、おぼろ気ながらでも展開し得て、そこに読者各位の興味を誘うことができたら、筆者の望みは足りようと思う。

科学文明の豪華を誇る現代においても、そこに超科学的奇現象の存在出現は、依然として絶えないし、そしてその自然の奇現象をめぐって、更に人為的奇異の実在は、各種通信報道機関の進歩発達によって、江戸期のそれに比較して、一層多くの猟奇味を満喫させてくれるように思われる。惜しむらくは、筆者が蒐集の不完備と不整理から、その限りない猟奇的事実の存在を、遺憾なく盛ることが出来なかったことは、深く陳謝する次第である。

ここに本書の上梓に当って、そのご愛読を願うとともに、前著江戸時代篇「怪奇物語」の御併読を切に懇請して止まぬ次第である。

一、江戸篇「怪奇物語」は、当時の随筆本から、その記録資料を得たのであるが、本書は主として各種の新聞、雑誌等の記事から蒐集抜萃したものである。

一、なお、宮武〔外骨〕氏の「明治奇聞」、梅原〔北明〕氏の「近世社会大驚異全史」等の著書から、多くの教示と資料を得たことを、ここに感謝しておく。

一、本書の記録は、筆者が眼に触れた折々、切り抜き抜萃、または書き写し、蒐集しておいたものであるため、なかには原文を全部書き改めたものが少なくない。しかし出所の判明しているものは、すべてその記載の新聞、雑誌名を掲げておいた。

一、ただし、新聞雑誌以外から資料を蒐集したもの、或いは、その出所の判然しないものは、遺憾ながら全部「蒐集記録」としておいた。この点御諒承を乞う事にする。

一、新聞雑誌の記事原文を、そのまま採録したものは、必ず「　」を附して、その判別を明らかにしておくようにした。

一、記録蒐集の際、その整理の不完備から、年代等に多少の誤りがないとも限らない。これもお許しを乞うとともに、識者の御教示と御訂正を願うこととする。

一、前附とした「猟奇年表」は、本書の補遺として掲げたもので、全然、江戸期の年代記とは、その趣旨を異にしたものである〔当文庫では「近代猟奇年表」として巻末に収載〕。

なお筆者は、江戸期以前の、猟奇的記録も蒐集しつつあるので、いつかまた、その整理と機会を得ばこれを「近古猟奇史」とでも名づけて、上梓したいと思っている。何卒各位の御援助と御教導を希《ねが》う次第である。

目下は、書肆の求めに応じ、江戸時代から現代に亘っての、最も興味深い奇々怪々なる猟奇的犯罪実話の蒐集資料整理に努めている。近く「猟奇犯罪史」として、再び各位のお眼をわずらわす事になるであろう。謹んでご愛読を今からお願いしておく。

はしがきの終わりに臨み、本書ならびに、前著「江戸時代篇」の上梓にさいして、畏友藤沢衛彦氏の多大な御助力を感謝する。

編者識

日本怪奇物語◉目次

大正篇 145

昭和篇

日本怪奇物語

明治篇

1　生首が転がっていた大江戸と怪盗斬殺奇異

【明治元年（慶応四年）正月】


その年の春は、雨ばかり降りつづいて、からりと晴れたうららかな日は少なかったという。

将軍慶喜《よしのぶ》は、京都へ行って留守だったたし、もう三葉葵《あおい》の金紋を誇った、幕府の威勢もすっかり地におちて、街では血腥《なまぐさ》い噂ばかり伝わっている際とて、松飾りの姿もいつもにくらべてわびしく、不安なじめじめとした、江戸の名残りの春であった。

その間に、京都では鳥羽《とば》、伏見《ふしみ》の戦いに、幕軍は大敗し、将軍慶喜は、命からがら軍艦開陽丸でのがれ、正月十一日に江戸へ帰って来たので、ここに幕軍大敗北の噂が、チラチラ江戸民衆の耳にも伝わっていった。

前年から横行していた、押し借り強請《ゆすり》、斬り取り強盗は、ますます盛んになって、市中はまったく百鬼夜行のありさまであった。

上野東叡山に集まった彰義隊は、市中の取り締まりに任じて、夜などは、丸のなかに「彰」とか「義」とかいう字を書いた提灯《ちょうちん》を振りかざして、白鉢巻で抜き身の槍をたずさえたりして練り歩いていたが、この中にもかなり無頼の徒がいたので、これがまた何かというと、やたらに人を斬った。

無政府状態の、斬り得斬られ損の時世で、取り締まりの御用党と押し借り強盗浪士党が、二つ巴《どもえ》になって斬り歩くのであるから、街には血にそんだ生首や、首のない胴が、コロコロ転がっているのに、不思議はなかった。

市外などには、白昼、白鉢巻に白襷《たすき》という姿で、抜刀した数人の武士が、一団になって豪家へ押し借りに来るなどということも珍らしくなかった。まして夜は、一層の不気味さである。

松がとれて、幾日もたたない或る夜のこと、板橋在の、某《なにがし》という豪農の家へ、一人の怪盗が忍びよった。賊は抜刀して、主人のいるとおぼしい奥座敷の雨戸へひそかに身を近づけた。

その家の主人某は、なかなか気丈な者であったし、常に警戒していた際であるから、夜更けに庭に何者かが忍びよるのを、早くも知ると、枕許《もと》の脇差を取って起ち上がりながら、フッと行灯《あんどん》を吹き消した。そして、足音を忍ばせながら、賊が忍びよったらしい雨戸のあたりへ近よった。

外の賊は、家の主人が眼覚めて近よるとは知らず、一生懸命なかの様子を知ろうと、雨戸に身をぴったりと寄せつけていた。息を忍ばせて近づいていった主人は、じっと耳を戸にあててそとの様子をうかがっていたが、やがて静かに脇差を抜き放つと、ここぞと思う個所をねらって、雨戸越しに柄《つか》も通れと、ズブリ刀を突き刺した。と、手答えがあった。同時に「ウーン」という、かすかな悲鳴、つづいて苦痛を忍んでよろめきながら、パタパタと走り去った気配がした。

翌朝、下男や小作の者に命じて、縁の下からしたたっている血潮をめあてに、探りあてて行くと、邸《やしき》から二十町も離れた桑畑のなかに、立派な武士姿の者が斃《たお》れていた。が、その首はなかった。

村役人が来て取り調べたが、その所持品によって、それが当時、江戸並びに近在を荒らしていた、某浪士党の首領株であるらしいとのことであった。

すると、奇怪なことには、その夜から、ちょうどその武士を突き刺した時刻、八ツ下がり頃になると、閉めきったその奥座敷にともした行灯の火が、風もないのに、フーッフーッと、息をつくようにまたたいて、スーッと消えかけては、また燃え上がるのである。同時に、その雨戸のあたりでパタリという怪しい物音がする。

気丈なその家の主人は、

「狸のいたずらだぞ」

といって、わざとか、気にも止めぬふうであったが、その奇怪な灯のまたたきと、怪しい物音は、その年、桜の咲く頃までつづいたという。

——この話は、筆者が少年時代、板橋在から来る、植木屋の老人から親しく聞いたことで、その老人も確かに、その眼で見、耳で聞いた怪奇な事実であると語っていた。

——(蒐集記録)

2　僧侶はチョン髷《まげ》の鬘《かつら》をかぶって伊勢参拝

【明治二年十一月頃】

岐阜県土岐郡コケイ山〔多治見市虎渓山町〕にいた禅宗の老僧某が、伊勢神宮へ参拝に赴いた。そしてその夜は山田の或る宿屋に泊まり、翌日朝、まず外宮へと志して、宿を出かけようとすると、宿屋の番頭が、

「和尚さま、そのお姿のままでは、ご参拝はかないません」という。

「ほほう、それはどういう訳だ」

と尋ねると、

「近頃、神主様のおはからいで、僧形姿のお方は、ご参拝ができぬことになりましたのでございます」

というのであった。——これには、老僧もはたと困った。せっかくここまで来て、伊勢の大廟が参拝できぬとは残念である。当時御維新後、仏徒に対して、激しい圧迫

が加えられていることは事実であったが、仏徒であるがため伊勢神宮まで参拝できぬとは、考えられぬことであった。

「困ったな……それはどうも……」

僧侶の困《こう》じはてた様子を見ると、番頭がぬからぬ顔つきで、

「いえ、決して御参拝ができぬことはございません」

「それはまた、どうして……」

「お衣をおぬぎになって、普通のお召し物におかえになればよろしいのです」

「でも、この頭が、急に毛が生えぬではないか」と苦笑すると、

「いえ、……そのお支度《したく》なら、こちらにございます」

といって、やがて番頭が持って来たのは、珍妙な形をしたチョン髷《まげ》の鬘《かつら》であった。

しかもその鬘たるや、ほんの申し訳的なもので、墨で黒く塗りつぶされた子供の手習《てならい》草紙《ぞうし》で、型ばかりのチョン髷がこしらえてある、子供だましの玩具のような鬘であった。

「これさえかぶっていらっしゃれば、差し支えないことになっております」

「さようか」

といったが、二の句がつげず、苦笑するばかりであった。が、とにかく、その手習草紙製のチョン髷の鬘で、お伊勢様を参拝することができたのであった。筆者もまた、

その珍奇な姿を想像しただけで、当時を偲んで苦笑を禁じえないものがある。

その頃、仏僧が、新政府の役人から苛酷の圧迫をうけたことは、実に想像以上であったらしい。神道を奉ずる公卿衆が一躍新政府の政権を握ったのであるから、「この御維新を機会に、坊主どもをたたきつぶせ」という勢いで、神仏合体などということさえ高唱された時代であったから、世間も一般に神徒となる者が多く、地方によってはお寺へ葬式などまるで頼まないようになったとさえいわれる。

熱田神宮〔名古屋市熱田区神宮〕へ参拝したとき、その鳥居の前には、下馬札とならんで、

「坊主、不浄の輩入るべからず」

と、墨痕淋漓《りんり》大書した制札が建てられていたのを見て、その僧侶は、さらに苦笑をくり返さねばならなかったという。

時代を語る、珍奇な物語ではあるまいか。——（蒐集記録）

3　七日七夜、逆立ちの難行苦行を志した奇人

【明治四年頃】

インドにあるバラモン教の宗徒のような、奇妙な逆立ちの難行を行なって、神様に祈願をこめようとした、奇人があった。ただしそれは、決して気が狂った人でなく、本人は正気で真面目にこの苦行を思い立ったのであるから、振るっている。

当時、浅草に住んでいた、魚屋の六助というのが、この話の主人公で、日頃から非常な信神家であった。どういう願がけを思い立ったのかはわからないが、とにかく、七日七夜の間、逆立ちの難行をつづけようという心願をさだめたのであった。

そこで、その難行の邪魔をされては困るというので、まず家の裏表の戸は、しっかりと内から締めきり、座敷の四方にはしめ縄をひきまわし、自身は斎戒沐浴ののち、白の浴衣を行衣がわりに身につけ、その座敷の中央でいよいよ難行の逆立ちにとりかかったのであった。

しかし、いかに心願のためとはいえ、逆さに身を立てて、両手で全身をささえているということは平常の生活とはまるで反対のことで、急に行なったのであるから、その苦痛はひとしおで、少しやっているうちに、目はくらみ、腕はしびれ、半時間も辛抱しきれないうちに、自然と身体は座敷のなかに打ち倒れてしまうのである。

「これではならぬ」と、また起き上がって、逆立ちにかかるが、いつかまた、ドタンと打ち倒れてしまう。こうして、六助は、夢中になって、倒れては起き、起きては倒れ、一生懸命難行の逆立ちを続けていたが、このドタンバタンの物音に驚いたのは近隣の人たちで、

「六助さんのうちでは、角力《すもう》でもはじめたのだろうか」

と、噂しあったが、家はピッタリ閉めきってあるし、なかには人がいる様子もない。

ただ奇怪なドタンバタンの音ばかりするので、だんだん不審に思いだし、家主にも知らせたのでさっそく家主がやって来て、戸の隙間から、内のようすをのぞいてみると、これはまた驚いたことに、六助は気でも違ったか、夢中になって逆立ちをやっているので、無理に戸をこじあけて、なかへ入り、

「なにを馬鹿なことをしているのだ、今さら角兵衛獅子の稽古でもあるまいじゃないか。……一体このざまはどうしたことだ……」

と叱りつけるに、六助はまた、六助で、

「なんだって、わたしが心願があってはじめた、逆立ちの難行の邪魔をするのだ」

と怒り出したが、家主をはじめ、近隣の人々が、「そういう衛生に害のある修行は、禁じられているのだから、止しなさい」と意見をして、ようやく、この前代未聞の難行苦行を、中止させたということである。――（蒐集記録）

4　雪駄《せった》が飛び上がり飯櫃《めしびつ》や行灯《あんどん》が踊り出す家

【明治五年三月】

浅草観音堂境内《けいだい》の、大橋某という人の家に、二十九日ごろから、突然に奇怪のことが起こり、雪駄《せった》が自然に飛び上がったり、飯櫃《めしびつ》や行灯《あんどん》が踊りだして、天井へ上がって行ったり、また小石が屋根に降って来たり、或いは砂が一陣の風とともにザーッと降

りそいだりする、怪しいことが続いて起こって来るので、家人は怖れおののいて、困《こう》じはてていた。

折から、同境内で興行していた西洋曲馬師スーリエという外国人が、その噂を聞いて、大橋家を訪れ、その怪異が起こるとともに、携えて来た短銃を二発ほど発砲したが、刹那、台所の棚の上にあった擂鉢《すりばち》が、突如飛びおりて来て、その外人の足もとに落ちて割れ、怪しい騒ぎは少しもしずまらないので、外人も驚愕し、そのまま逃げ帰ってしまったという。

その後、ある夜のこと、その家の小女《こおんな》の夢枕に、古狸があらわれて、

「この頃、この付近がだんだん開けて来たので、私たちが棲んでいる場所がなくなってしまった。それで、こうした騒ぎをして驚かしているのだから、早く小さな祠《ほこら》を建てて、私たちの安心して住める場所をつくってくれたら、静まってやる」

といったので、大橋家では、ただちに小祠を建ててやると、その後は少しも怪しいことが起こらなくなったという。——この話は、「日要新聞」第二十四号に出ているが、明治五年四月十日発行の新聞に、「浅草奥山の狸」と題して、

「このほど浅草金龍山奥山にて、白昼狸人をたぶらかし、或いは蝙蝠《こうもり》傘を木上に釣るし、木履《ぼくり》雪駄を釜のなかへ入れ置く、その他種々の乱行をなせしかば、これを捕らえんと致せしが姿は見えずして、石を投げ出すこと雨のごとし。これにて山内申

し合わせ件《くだん》の狸の穴倉を建てるよし」と報道している。――（東京日日新聞）

5　古今滅法界の珍見世物、盲人の撃剣試合

【明治五年七月】

明治初年には、なお幕末大江戸の気分が残っていて、「ソレ突けヤレ突け」だの「女角力《ずもう》」だのと、風俗壊乱的の見世物まであったそうであるし、同時に一方、武士気質の遺風から、小屋がけで「撃剣試合」の見世物式のものも、相当流行を見たということであるが、これはまた、思いきった奇抜な見世物のあったことが、当時の新聞に記されている。次にその全文を採録してみよう。

「頃日《けいじつ》、府下両国回向院内において、盲人をして角力あるいは撃剣をなさしめ、衆人の縦覧《じゅうらん》に供す。その撃剣の時に当り、まず太鼓を鳴らし、柝木《たくぼく》を打ち相図をなせば、盲人十余名各々頭に炮烙《ほうらく》を戴き土俵の上に整列し、指揮者号令をなすに従い、たちまち左右前後、無二無三に入り乱れ、空をつかんで足を引かかるあり、虚をねらって頭を払わるるあり、或いは打ち、或いは打たれ、倒天地首、その形状言語に絶せり、これいわゆる世の盲人滅法界なるものか」――（新聞雑誌）

6　陰部から真珠を取られると娼妓検黴《けんばい》を忌避

【明治五年九月】

わが国で黴毒《ばいどく》病院が設立されたのは、慶応三年〔一八六七〕九月、幕府英国医官ドクトル・ニュートンの建議によって、横浜に設けられたのが始まりで、ついで長崎、神戸に設置されたとのことであるが、当時検黴《けんばい》が行なわれたのは横浜、長崎、神戸の三港に限られていたという。

明治政府となって、黴毒伝染の予防策として、娼妓の局部を医師に検査せしめることになった始めは、不思議きわまる奇談があったのである。右につき宮武外骨氏の「明治奇聞」に、次のような記事が載せられている。

「娼妓の黴毒は、明治四年九月に、小菅千住駅（今の東京千住）の娼妓に施行したのが最初であった。翌五年には各地の芸娼妓にも実施することとなったが、大阪の売《ばい》女《た》連は不服を唱え、ぜひ検査を受けねばならぬのならば廃業させてくれと迫る者が多かったので、楼主はその筋に検査猶予の嘆願をするなどの騒ぎがあった。その不服の原因は羞恥心が主であろうが、誰が言い出すとなく『黴毒検査などと云って、実は陰中から真珠を採るのだ。真珠を採られると長生きしない』との浮説が廓中の無智な売女に伝わったためであったそうな」

また、当時発行の『風雅新聞』第二十三号に、「『風不揚波海底幽、真珠可向北中求』という某氏の詩句があるのも、この浮説の儀であろう」と記してある。また、明治五年九月発行の『新聞雑誌』第六十一号に、左の一節
「大阪南北両新地ノ売女黴毒検査ノ儀兎角折合カネ府命仁恵ノ旨趣ニ悖《もと》ル者多シトゾ同府新町廓内越後町会議所へ左ノ狂歌一首ヲ張附タル由
絵ニ書タ枕草子ヲ止ニシテ
生ヲ見タガル馬鹿ナ××」
――（明治奇聞）
と馬鹿馬鹿しい落首があったとは、いかにその文化程度の低かったことが察せられよう。今思うと噴飯にあたいするようなことであるが、なにしろ、徴兵のため壮丁の募集を実行しようとすれば、毛唐人に胆を取られるのだといって騒動を起こしたりする者もあったという、明治当初のことであるからこうした奇談もあったことであろう。

7　十円紙幣を金毘羅《こんぴら》のお札と思って神棚へ

【明治五年十月】

伊豆の国那賀郡松崎という村〔静岡県賀茂郡松崎町〕に、その頃寡婦で多喜という老婆が住んでいたが、その老婆は奇妙なことに、神棚へ十円紙幣を祀《まつ》っていたのであった。

さる知人が、それを発見して、不思議に思い「なぜ、そんな紙幣を神棚へ祀っているのか」と、そのわけを尋ねてみたところ、その老婆は、

「先頃、ある日海辺へいったところ、波うちぎわに一つの油紙に包んだものが流れついていたので、なんであろうかと、その包みを開いてみたら、そのなかには、金毘羅《こんぴら》さまの御札がたくさん入っていた。およそ五、六十枚もあったろうか。あんまりたくさんな御札を、みんな持って帰ってきて、もし粗末にしたらもったいないことだと思ったから、そのうち一枚だけを持って帰って、こうして神棚に祀っているのだ。……残りの御札は、拝んで海へ流してしまった」

という話であった。

老婆が金毘羅様の御札と思っていたのは、当時新しくできた十円紙幣であったのである。——それが紙幣と知っていたら、残りの御札を、いかに無慾の老婆でも、拝んで海へは流してしまいはしなかったであろう。

もっとも当時、明治新政府が新たに発行した紙幣というのは、政府がドイツ国へ頼んで製造したもので、その十円札は、いわゆる「縦札」で中央に「金拾円」とあり、左右に鳳凰《ほうおう》、下部に竜の模様をあらわしたもので、旧幕府時代に行なわれた藩札よりほかの物をみたことのない文盲の老婆としては、そのタテに細長い新紙幣の金だけよんで、金毘羅大権現の守り札と思い誤まったのも、無理からぬことであったろう。

——明治初世当時の一面を語りあらわした、珍奇な物語といえよう。
この話は山梨で発行されていた「峡中新聞」に載せられていた奇聞であるという。
——（明治奇聞）

8　十二月のなかった明治五年の稀有の珍事

【明治五年十一月】

「太陰暦にしても太陽暦にしても、一年の末に十二月という月があるものだのに、明治五年にはその十二月がなかった。一年が十一ヶ月であったということは、日本開暦以来未曾有の珍事である。それはどうしてかというに、明治五年十一月二十二日の太政官布告によって生じたものである。

『今般改暦ニ付テハ本年十二月朔日二日ノ両日ヲ今十一月三十日、三十一日ト定ム』

この年、旧来の太陰暦を太陽暦に改めたので、旧暦の十二月三日を明治六年一月一日とすと、前に布令をしたが、それでは十二月は朔日と二日の両日になってしまうのである。たった両日でも十二月としておけばよいのに、それを十一月限りとした、陰暦の二十九日までしかない十一月に、陽暦の十一月にもない三十一日にまで延長したのである。

どうしてかようなことにしたかというに、これはたった両日でも、十二月という月があることにすると、明治新政府の役人たる月給取り全体へ一ヶ月分の給料を払い渡さねばならぬので、それに驚いてにわかに右の布令を出したのである、結局、当時の役人は無給料で二日間働かされたことになったワケさ」――(明治奇聞/全文採録)

9 馬の尾のなかへ鼠が巣をつくって子を産む

【明治五年頃】

宮城県加美郡西小野田村〔宮城県加美郡加美町〕の、百姓菅久之丞という家の廏《うまや》に飼われていた一頭の馬が、どういうわけかだんだん元気が衰えてくるので、病気にでもかかったのであろうかと、いろいろ手当てをしてみたが少しも効果がなく、ますます弱ってゆくので、家人も心配して、ある日のこと、なおよく馬の身体を検《しら》べてみると、尾のところに怪しいものをみとめたので、近づいてゆくと、一匹の鼠がパッと飛び出して逃げ出した。驚いてそのあとをよく検査すると、これは不思議、その尾のなかには鼠が巣をつくっていて、二十匹ばかりの子鼠がウヨウヨとうごめいているのであった。前に逃げたのは親鼠であることがわかった。

そこで、すぐさま、その子鼠を取りのけてやると、馬はすぐに元気を恢復したという。

この話は、明治四、五年ごろにあったことだと、同県人が語ったものである。昔の年代記にも出ていそうな奇怪な話ではあるまいか。——（蒐集記録）

10　年数を限って夫婦約束した男女の奉納額

【明治六年二月】

近代の外国では、ある一定の年数を限った予約結婚などをする者もあるというが、これはまた明治の初め、世にも奇抜な約束を、しかも神仏に誓いを立てて奉納額までした男女があったのには驚かされる。

それは、東京深川東仲町吉祥院内の、成田不動尊〔東京都江東区富岡に移転〕賽銭箱の前に、次のような二個の奉納額がおかれてあった。それには、

「奉　納

明治六酉年二月二十日

私こと宇多吉と夫婦の約定を致し候、然る上は右宇多吉を私一代の内は本妻に致し候、然る上は外に女を拵《こさ》うること一切禁ず

三十七歳男　定　吉」

「奉　納

明治六年二月二十日より、うし年五ヶ年迄の間、定吉より外に男をきんじ奉り候

二十三歳女　歌　吉」

と記してあったが、この誓文奉納額によると、男は終身他の女を禁じているのに、女の方は五ヶ年間と年数を限って、良人定吉以外の男を禁じているところに、すこぶる女尊的な近代味があらわれているではないか。――（東京日日新聞）

11　養豚場で人間と豚との合の子が産まれた話

【明治六年八月】

熊谷県下前橋大渡町〔群馬県前橋市大渡町〕の茂木某経営の養豚会社で、八月十七日午前十一時に飼育の一匹の豚が、不思議な畸形児を産んだ。その仔豚は、人間との合の子のような形のものであった。

その会社の牧場で働いていた、一名の貧しい養豚夫が、その畸形児が産まれたのを見ると、ひどく恥じ入った様子で、その夜のうちにいずれへか遁走してしまったという。それで、この行方不明になった養豚夫が、密かに豚と私通してこの変体児を生じたのではないかと噂されたという。もちろんこれは確証があったわけではないらしい。なお、この畸形児は、会社から当時の博覧会に出品して検査を受けたという。――（新聞雑誌）

12　突然に廁《かわや》で女の髪が自然と切り落とされる

【明治七年三月】

東京本郷三丁目一番地に住んでいる、袋物商鈴木米次郎方の下女ぎんというのが、三月十日の夜九時すぎ、その裏手にある共同便所へ行き、まさに入ろうとするとき、なにかこうゾーッとするような気持ちがすると同時に、頭の髪がバッと面上にふり乱れて、突然散髪となったので、ぎんは驚愕のあまり、「キャッ」と叫ぶとともに、そばに住む愛知県士族曲淵某方の宅へ、いきなり走り込んだが、そのまま気を失って倒れてしまった。

何事も事情のわからぬ人々は、この騒ぎに驚きまどいながら、ぎんを介抱して、気つけ薬などをのませ、ようやく正気にかえらせ、その顚末を尋ねると、突然髪が切られたという事情がわかったので、すぐさま廁《かわや》の近傍を探索したが、なんの変わったこともなかった。

ただ、ぎんの結《ゆ》っていた、達磨がえしという髷《まげ》が、根元から切り落とされて、地上にころがっているだけであった。

それで、これは俗にいう「髪切り」の怪異であろうということになり、婦女子などはことに怖れおののき、その後は白昼でも、この廁へ入るものがないようになったという。

当時、それより少し前にも、浅草の金龍山境内で、そうした髪切りのことがあったというが、この奇怪な髪切りのことは、江戸時代にもあったことで、その話は『日本猟奇史』〔江戸時代篇〕にも載せてあるが、その当時、その髪切りが不思議と流行したので、一般婦女子は、簪《かんざし》に小短冊をつけ、それに、

かみきりや姿を見せよ神国の
　おそれをしらばはやくたちされ

という一首の歌を書きつけて、その魔よけのまじないにしたということである。

なお、そのぎん女は、その後病におかされたので、親里へ引き取り、療養したという。

それで、その記事を掲げている「東京日日新聞」は、その末文につぎのような文を草して、その記事を結んでいる。

「これ婦女の狭き心よりあるまじきことに遇いたるとともに、病みて事のここに及べるならん。誠に見よ、風は眼に見えぬ物を散らし、或いは虚空に吹き揚げ、はなはだしきは家を倒し木を抜く。これ常住眼に馴れ常に吹くべき物と覚悟をなすを以て怪しまねども、その他千万造化の妙土、奇とせば奇ならざるなし。かの髪切りのごときも、いまだ原因をしらずといえども、ことの稀なるを以て疑惑を生じ、遂に

病生ずるに至る。請う、本文の婦人もこの理を察して迷いを解き、貴重の生命を誤らざらんことを」──（東京日日新聞）

13　咽喉《のど》の孔《あな》で吹矢を吹いたり諸芸をする男

【明治八年三月】

その年の春ごろ、浅草の奥山（興行地）に、山丸直蔵という、不思議な不具者の芸人がでていた。

この男は、咽喉《のど》に一つ孔《あな》があいている不具者であるが、この孔で笛をふいたり、煙草をのんだり、或いは吹矢を上手に吹きあてたり、また口で字をかいたりするので、評判が高かった。──（読売新聞）

この報道記事を載せている「読売新聞」は、その記事の終わりに、「人間は不具でも、心掛け次第にて、並の者にも勝る芸のできるものゆえ、何でも勉強が肝要であります」と書いている。当時の新聞が、こうした社会記事をあつかう際、常にあらゆる場合、無理にも勧善懲悪、教訓ということに結びつけていこうとした立場がうかがわれる、近代の新聞記事と違った味わいが興味を覚えさせる。

14 宮守《やもり》に内臓を喰い廻されて悶死した女

【明治八年三月】

場所は不明であるが、某という家の下女が、朝早く起きて、竈《かまど》の下を焚きつけにかかったが、どうも燃えにくいので、急いで近くにあった火吹き竹を取って、プーッと吹く刹那、突如、その竹のなかから何物かが飛び出して、下女の咽喉《のど》へ飛び込んだのであった。

「キャッ」と叫ぶと、下女はその場に打ち倒れたが、その悲鳴に驚いて、主家の人たちも起き出てきて、息もできずに苦しんでいる下女を見て、すぐ医者を呼びよせ、診察してもらうと、奇怪にも下女の咽喉へ入っているのは、一匹の宮守《やもり》であった。

そこで、まず、その宮守を取り出さねばならぬというので、医者は機械でその宮守をはさみ、引き出そうとしたが、宮守はしっかりと咽喉へ食いついていて動かばこそ、それを無理矢理に引っぱったら、その尾だけがちぎれて取れただけであった。

その間に、宮守は、いきなり腹のなかへ入り込んでいき、内臓を食いまわるので、下女は遂に苦しみ死にに死んでしまった。実に、無残にも奇怪な死に方であったという。——（読売新聞）

15　奇怪な男装の女俥夫にまつわる哀れな話

【明治八年五月】


ある夜のこと、一人の人力俥夫が身投げをしようとするのを、一巡査が抱き止め、芝〔東京都港区芝〕の警視分庁へ連行してきて、一応調べたところ、同人は、芝西応寺《さいおうじ》町《ちょう》〔芝二丁目〕に住む島田某方の同居人で、時次郎（二〇）といい、身投げの原因は貧苦のため人力車に敷く借り蒲団一枚を質入れし、その代金五十銭が支払えぬため、その借り主から打擲《ちょうちゃく》された、その無念さと貧困のため死を計ったというのであった。

ところが、奇怪なことに、その時次郎という男は、散髪頭で人力挽《ひ》きこそしているが、どうも姿形に女らしいところがあり、また俥夫仲間では、「女の時」と仇名されているという風聞があるので、なおほかに、なにか深い原因があるのであろうと、警官が厳重に取り調べると、時次郎は泣きだしてしまい、

「私をすぐ殺して下さるなら申し上げますが、そうでなければ、どうしても申し上げられません」

と、堅く口をつぐんでいわぬので、警官もいよいよ不審を深くし、さらば「肌をぬいで見せろ」と、無理にもろ肌をぬがしてみると、乳はふくらかで、たしかに女であることが暴露されたので、女の時次郎も、いまは包むによしなく、その身のすべてを

告白したのであったが、彼女が男装姿となったのは、変態性のためではなく、聞くも哀れな一条の物語がまつわるのであった。

この時次郎という男装の女は、もと甲州納戸町に住む、元甲府勤番組家禄二百石水上忠左衛門娘エイという者で、兄弟もあったが、エイが十一歳のとき（明治元年）、官軍が進撃してきたので親子五人は逃げ出したが、その際エイは両親や兄弟にはぐれ、その後いくら尋ねてもめぐり逢うことができなかった。それで余儀なく甲府へ立ち帰り、下駄屋の広吉という者の家に奉公していたが、その後両親に逢いたい一心から、乞食同様になって諸方を徘徊し、また同時に「三十歳まで男に肌をふれまじ」と高尾山の神に誓いを立てたのであった。以来、女姿では危険だと考えたので、十五歳のとき東京府下へ来て前髪を剃り落とし、男姿となり、中間《ちゆうげん》奉公や芸者の箱回しなどになって働き、いくらか金を貯えたので、その金で人力車を買い、親をたずねながら、一生懸命稼いでいるうち、不幸にも病気となったので、車も何もそっくり売り食いしてしまい、ついに借り物の蒲団まで質入れしたため、ひどい責め苦をうけたので、はては世をはかなみ、死を選ぶに至ったのであったという。――（朝野新聞）

男装の人力俥夫というので、当時はかなりの大評判になったものらしい。

16　強盗のお陰で命拾いをした京都の尼さん

【明治八年八月頃】

京都に住む（大田《おおた》垣《がき》）蓮月尼《れんげつに》（一七九一―一八七五）という尼さんの宅へ、ある夜、強盗が闖入したのであった。――この蓮月尼というのは、風流を好み和歌もたくみであったし、瀬戸細工の名手として知られていた。

強盗は紋切型の口調で、「金を出せ」と蓮月尼を脅したが、尼さんもなかなかしっかり者とみえ、少しも騒がず、やがて手箪笥のなかから、一包みの金（百円也？）を取り出して与えた。強盗は思ったより金高が多いので、少し驚いたようであったが、なおも大胆に、今度は、

「腹がすいたから、ひとつ茶漬を馳走してくれ」

といいだした。尼さんは、

「わしは独り住まいですから、余分のご飯はありませんが、食べ残りでよければ……」

と、残っていた御飯をお鉢ごと出してやると、強盗は、サラサラと食べてしまい、

「これだけじゃ足りねえ、ほかに食いものがあったら出してくれ」

というので、

「では、ここに昨日もらった麦粉菓子（麦焦がし）があるから、食べなさるがいい」

と、その菓子を出してやると、強盗は遠慮もなく、ムシャムシャと食べ出したが、

急に苦しみだし、その場に悶絶してしまったのであった。

びっくり仰天したのは蓮月尼で、さっそく近所の人を呼び集め、そのうち警官も駈けつけてきたが、強盗はすでに絶命していた。

そこで問題になったのは、その麦粉菓子で、ただちに取り調べが開始されたが、その麦粉菓子を蓮月尼に贈った主は、尼さんに三百円ほどの金を借りている者で、不敵にも進物の麦粉菓子に毒をしこみ、尼を毒殺せんとしたものであることが判明した。

強盗がその毒に死んだのは、天罰とはいえ、蓮月尼が、その夜強盗の入ったお陰で、危き命を助かったのは、奇蹟といえよう。世には不思議があるものである。——(東京曙新聞)

17　妻と誤まり他婦人に戯れた男の珍奇な判決

【明治八年十月】

事実が珍らしいのではないことは、今もなお頻発する事件であるが、その裁判にあたっての、判決の文面等が珍奇なので、当時の裁判風習を偲ぶ一助にもと、その全文を掲げてみることにする。

「公　判

東京裁判所十月三日落着

東京第六大区浅草北馬道通医王町一番地
平　民　小　林　万　吉
二十五年〔歳〕四月

一、自分儀五ケ年前浅草聖天町長谷川権五郎娘とめヲ娶《めと》リ候処家内折合宜シカラズ依テ無余儀本年四月中表向ハ離縁候へ共折リヲ見合セ再縁可致約束ニテ同聖天町石鍋林蔵裏店ヲ借リ受住ハセ置、時々相通ヒ居、八月二十三日午前（午後？）八時頃例ノ如ク罷候処、とめハ用向有之一寸近辺へ参リ候趣、同人母申聞候間又々後刻罷越旨申置、帰路山ノ宿町川岸通ニテ行逢候婦人ノ姿とめニ酷似居候間、全ク同人ト心得、何処ニ行候哉ト云ナガラ戯ニ後ヨリ抱キ付候処小声ニテ、ジョウダンシテハイケナイト申候ニ付、別人ニハ無之万吉ナル旨申聞ナガラ×××××ト覚シキ所へ衣類ノ上ヨリ手ヲ当ルヤ否、高声ヲ発シ候故打驚キ始メテとめニアラザルヲ知リ手ヲ放チ候際、男二人馳セ来リ差押ヘラレ候ニ付、彼是詫入候内巡査罷越拘引ニ相成、御調ノ上右婦人ハ山ノ宿町寄留栃木県士族大沼忠順四男　同忠彦妻ちまノ由承知仕候事

右ノ通相違不申上候　以上

明治八年九月二十四日
小　林　万　吉

一旦離縁セシ妻ト私《ひそか》ニ再縁ヲ約シ相通ジ居リ黄昏途上於テ其妻ト誤認シテ他人ノ

妻へ抱キ付戯ル科不懲為軽ニ問ヒ聴贖シ　贖罪金二円二十五銭」——（東京曙新聞）

18　双子で眼が一つしかない稀有の畸形児

【明治九年五月】

明治七年〔一八七四〕頃にあったことであるらしく、十八日付新聞に載せられている記事の書き方が、ことに興味深いから、その全文を掲げることにする。

「このあいだ日日新聞に広島県下で目のない子が生まれたとて、図まで出ていましたが、かような不具は世間にままあるとみえ、熊谷県下高崎駅本町《もと》〔群馬県高崎市本町《まち》〕二丁目大沢一左衛門方にて、一昨年秋出生せし子は、いずれも男子にて、その一人は右眼のみにて左の目の形もなく、今一人は両眼ともなく、ノッペラボーとして、ただ眼球の動くような形が見えるばかり、両人ともよほど丈夫に成長する由、諺に枕二つに目が三つという咄《はなし》はありますが、なんと双子で眼が一つとは、憐れにも珍らしき片輪の寄り合いなり」——（郵便報知新聞）

19　神木を伐った祟《たた》りかその後突然主人が死ぬ

【明治九年八月】

浅草の金龍山浅草寺観音の境内に、北村という汁粉屋があったが、その家の裏手に、年古い榎の大木があった。ところがその幹がなかば朽ちて、小蛇の巣となっているので、付近の者は、それを宇賀神の神木であると、敬うものも多かったが、小蛇はその枝を伝わり、ときどき北村の庭へはい出てくるので、家人が気味わるがるところから、北村の主人は、その枝を伐り落としてしまいたいと思い、近所の修験者に相談すると、

「神木のことであるから、やたらに伐り落としては祟《たた》りがあるかもしれぬ。一応、加持祈禱をした上で伐りなさるがよい」

と、さっそく数珠おしもんで、祈禱をしたのち、

「もう伐っても差し支えありません」

ということなので、主人も喜び、すぐ指図をして、思うままに枝を伐り落とさせた。ところが、その夜から、主人は急に発病し、十日あまりも患ったのち、とうとう死んでしまった。

近所の人々は、神木の祟りであると噂しあったという。――（東京日日新聞）

20　緑の下に十七年もいた蟇《がま》のような因果娘

【明治九年八月】

安房の国平《へい》郡竹原村（千葉県館山市竹原）の百姓利左衛門の家では、当時（明治九年）から二十年も以前に、馬の顔をした男の子が生まれたというので、外聞が悪いからと、

すぐに殺してしまったという風聞が立っていたが、それから二三年たつと、こんどは蟇《がま》のような女の子が生まれた。

その娘の顔は、デコボコで、眼はずっと上の方にあり、鼻も普通より上にあって、身体は真っ黒で斑点があり、腹は真っ白で、立つことができないという畸形児であった。

親たちは、それを世間の人に見せるのが恥ずかしいと思ったか、また死んでくれるのを願ったか、着物も着せずに丸裸のまま縁の下に這わせておき、ときどき飯を投げ込んでやっていたが、それでもその娘は死なず、十七年という長いあいだ縁の下で、ほんとうに蟇のような生活をしながら生きていたのであった。

そのため、附近の人も、そんな娘があるのを知らずにいたほどであったが、いつどうしてそれを知ったか、見世物師がそれを耳にして、買いに来たということから、世間の評判になり、新聞にも出るようになったという。――（読売新聞）

21　空を暗くしたほど群れ集まった雀の大合戦

【明治九年十二月】

阿波の国名西《みょうざい》郡上山村（徳島県名西郡神山町）では、十二日正午頃からにわかに空が曇り、日蝕のように暗くなったと思うと、大空高くおびただしい鳥の啼き叫ぶ声が聞こえるとともに、はげしい羽ばたきが、空いっぱいにひろがって聞こえてきたので、村人が驚いて空を仰いで眺めると、こはいかに、いつどこから集まったか、幾十万という小雀が、必死に合戦を始めているのであった。――空が暗くなったのは、その雀の大軍が押しよせたため、太陽の光をさえぎったからであった。

その戦いのありさまは、あたかも大将があって、その部下の軍勢を率いるように、いずれも隊伍をととのえ、列を定め縦横に進退して、戦うのであった。勝ちに乗じて突進するもあれば、或いは追われて羽をむしられ落ちるものもあり、寄せては返し、退いては進み、その戦いはいつ果つべくとも見えなかった。

しかし、やがて日が没して、夜の幕がおりてきたので、雀の大軍は余儀なく陣払いをして、西と東へ飛び去ったという。

この空の大合戦のため、その付近の山谷は、重傷をこうむった雀が、あたかも枯草を積んだように落ち斃《たお》れていて、村人は意外の獲物を得たので、新年の御馳走として、家ごとに数百串の雀焼きを蓄えて大喜びであったという。――（東京日日新聞）

22　古狸が救命の恩報じに焚木を持ってくる

【明治十年二月】

築地《つきじ》〔東京都中央区築地〕二丁目五番地に居住する華族松平某の屋敷では、ときどき庭に棲む古狸が出てきて、座敷の道具や勝手道具などを庭へ持ち出すことがたびたびあるので、この狸のいたずら除《よ》けに、一匹の洋犬を求めて飼うことにした。さすがの古狸もこれには怖れをなしたとみえ、その後は少しも出てこなかった。

すると、その洋犬は牝だったので、いつか懐孕《かいよう》して、三階から下りてこないようになったのを、早くも嗅ぎ知った古狸は、またまた出かけてきていたずらをはじめたので、屋敷の人たちもたまりかね、こんどこそ打ち殺してしまえと相談したが、主人がそれを止めて、

「古狸も、さだめて腹が空くために出てきて、そんな悪さもするのであろうから、これから後は、毎夜犬のあまり物を、狸にやるようにするがいい」

といったので、その後は下女が毎夜、残りの食物を皿に乗せて出しておくと、狸も恩返しのお礼のためか、毎朝欠かさず、たくさんの焚木や鉋屑を持ってきたという。

——（郵便報知新聞）

23　猫を惨殺し発狂して猫のようになった男

【明治十年四月】

芝愛宕下桜川町（東京都港区虎ノ門）の魚商吉野亀次郎倅吉太郎（一九）は、ある日、買い出しから帰って、生魚を板台《ばんだい》から選り分け、注文に応じて庖丁を使っていると、い

つか忍びよってきた一匹の泥棒猫、吉太郎の油断を見すまして、いきなり一尾の魚をくわえると、素早く逃げ出そうとした。

その刹那、目ざとくも見つけた吉太郎、立って追っては間に合わないと思ったので、かたえの火鉢の上に、煮えくりかえっている鉄瓶を手に取ると、「おのれッ」とばかり、逃げ行く猫をめがけて打ちつけた。と、狙いはたがわず、鉄瓶は猫にあたると、熱湯がザブリぶちかかったからたまらない。

「ギャーッ」

という悲鳴一声、叫びもあえず、そのまま爛《ただ》れて死んでしまったのであった。

その物音に驚いて、飛び出してきた家人の者も、あまりに無残な猫の死に方に、多少哀れをもよおしたが、今さらなんといっても追っつかないので、早速裏手の掃溜《はきだ》めのわきを掘って埋めてやった。

殺した当人の吉太郎も、いささか後悔の気味だったが、とにかく家人と一緒に埋める手伝いをしたのち、家へ入ってきたが、やがて、急に面色が変わり、眼尻を釣り上げると、突然板流しにあった大鯛にとびつくと、まるで先刻の泥棒猫のように、素早く口にくわえて逃げ出したのであった。

それを見た、父親亀次郎もびっくり仰天し、若衆たちとともに駈けよって、捕らえようとすると、吉太郎はもう夢中で、ひっ掻くやら躍りかかるやら、猫のように襖障子で爪を研ぎ、四方八方へ馳けめぐるという、奇怪な急病を発したので、附近の人々もその騒ぎに馳せ集まったが、今は医者も薬も役に立たず、ただウロウロするばかりであった。

数日の後、愛宕下の某病院へ入院させたというが、とにかく猫のような真似をするので、さては猫を殺した祟《たた》りのためであろうと、当時大評判であったという。――〔郵便報知新聞〕

24 八幡不知《やわたしらず》の流行とその藪で医者が泣き出す

【明治十年四月】

明治十年前後に亘って、「八幡不知《やわたしらず》」という興行ものが各都市に非常に流行した。これは講談の水戸黄門などにも出てくる奇怪な伝説で、下総《しもうさ》の国葛飾郡八幡村〔千葉県市川市八幡〕に一つの森があって、その森に入ると再び出てこられないというところから、八幡の八幡〔藪〕知らずと呼ばれているのであるが、この伝説八幡の森に真似て、空地の場所へ、迷路のたくさんある人造の藪をつくり、入場料をとってお客にその藪へ入らせ、出てきた者には賞品をやるという興行のものであった。

この話は、その流行当時、大阪の「八幡不知」で起こった、珍奇な一事件で、「読売新聞」にでていた記事である。次にその全文を採録してみよう。

「大阪難波新地へできた八幡不知の藪の中で、今月八日に二十四、五の大の男が、大声をあげて助けてくれ助けてくれと泣きながらわめくゆえ、何事かと居合わせた客も木戸番も駆けてきて、どういうことだと聞くと、その男は涙をはらい、不佞《ふねい》ことは島根県下出雲の国第十八区大原郡養賀村〔雲南市大東町養賀〕住、野々村三益と申す医者でござるが、薬品買い入れのため、今般初めて登阪つかまつり、江戸堀上通り出雲屋永助方に止宿罷りあり、今日は閑隙ゆえ運動かたがた当藪中へはいり、かれこれ二時間十二分ほどにあいなれど、何分出る道もなく、右へ行き当たり、左へ行き当たり、当惑のあまり最早ふたたび帰国ならぬと、思わず声を発した事件、面目次第もござらぬといったので、集まった人もあまりのことにおかしさを堪えられず、みな一同吹き出したからマゴマゴ先生も大きに恥じて帰ったといいますが、藪の中で迷うくらいでは、おおかた藪に縁のある先生でありましょうが、東京でも『かくれ杉』また『八重欅《やえけやき》』などと、いろいろな藪ができてまよう人がたくさんあります」

それがお医者様であっただけ、無類の奇談となったわけである。「かくれ杉」「八重欅」または「八陣」などというのは、その当時流行の八幡不知の異名で、みな同じようなものであったわけである。——〔明治奇聞〕

25 軽気球を風の神の袋と思って大騒動起こる

【明治十年五月】

二十三日、築地《つきじ》〔東京都中央区築地〕海軍省練習場で、はじめて軽気球乗りの実験が行なわれた。

気球は長さ九間、幅五間、周囲十七間で、奉書紙百二十反をミシン縫いしたものへ、ゴムで塗り上げ、金杉の瓦斯《ガス》局から、蒸気ポンプで瓦斯《ガス》を送ったが、その量は一万五千立方尺であったという。

当日の搭乗者は、海軍兵学校の馬場新八氏で、同氏は西南の役熊本城で軽気球を作ったという経験者で、その日陸軍省の依頼で実験のため、自ら作成、これに搭乗することになったのであった。

まずはじめに、馬場氏が搭乗して、一千二百尺の高所に達し、実験を終えて一度下降し、その後は軽気球のみを飛揚させたが、五、六千尺の高さまで達し、東南の方一里半ばかりの堀江という村に、その気球が落ちたのであった。

ところが、その付近は、漁師ばかりが住んでいる村落だったので、その気球がなんであるか一人も知っているものがなく、突然大きな袋が空から落ちてきたので、その驚きは一方ではなく、

「これは、きっと、風の神が過って袋を落としたのだろう」といい、またある者は、「ラッキョウ（辣韮）の化物じゃあるまいか」という者もあり、一村の大騒動となって、人々は、てんでに櫂《かい》をふるって、この怪奇な化物めがけて突撃すると、一生懸命打ってかかったが、風船玉の大袋は、フワフワと飛びまわるのを、追いかけ追いかけ打ちのめすうち、袋は破れて水素瓦斯《ガス》がもれ出し、臭気があたりに四散したので、人々はなおさら驚き、「それ、化物が悪気を吐き出したぞ」と、ワーッとばかりに逃げ出した始末であった。とにかく、この臭気を嗅いで、病気になったものが二、三人あったという。

これが、わが国における、実用的軽気球の嚆矢《こうし》であると。――（明治事物起源・明治奇聞）

26　西南戦争の当時、空に現われた西郷星の異変

【明治十年八月】

明治十年、西南戦争のあった前後、全国各地で「西郷星」があらわれるという噂が喧伝された。また、それを信じたものも多かったようである。――その奇異な噂についての、当時の新聞記事を採録してみよう。

「去る三日の『大阪日報』に、この節、毎夜二時頃辰巳《たつみ》（南東）の方に現われる赤

色の星を、望遠鏡でよく見ると、西郷隆盛が陸軍大将の官服を着ている体に見ゆると、何人《だれ》か妄説をいいだしたのを、語り伝えて物干に夜を更《ふか》す人もある由、けしからぬとかいてありましたから、なるほどまだ不開化な人も多くあるものだと思っていると、一昨夜銀座通りでも、日本橋近傍でも、二、三人ずつ寄り合っては、空を仰いで、ヘェーアノ星ですか、いかさま光が別段ですとか、囁《ささや》いているのを聞きましたが、馬鹿をいうにもほどのあったもので、星が隆盛と見えるなら、旅団という から満月は兵隊さんの集《つど》い合っているところに見えましょう（アアやるせがない）」
――（東京絵入新聞）

当時の人心が、どんなに西郷を崇拝し、思慕していたか、そしてその頃空にあらわれた燃えるように赤く見えた星を、彼らは西郷星と信じていたかが察せられる。とにかく、当時、その星が異常の赤い輝きを見せ、奇異な現象を呈していたことは確かであったのであろう。

さらに「十月十六日」の新聞には、つぎのような記事が出ている。
「前号に市中の不開化連が空を見ては、もはや西郷星が出たかと（納涼ながらではあろうが）、あちらこちらへ集い合って見ているは、いかにも愚かなことと思っておりましたが、漸次に評判も高くなったので、東京大学校のビー・ウィウィータル氏が弁解せられたる説あり、この節、東方の空にあたり毎夜十一時ごろより一種異状の惑星出て見ゆるを、ただごとならじと思う人も多しと聞けど、これは火星にて珍らしき星にあらず、火星は南に当たりて輝く木星、また北に当たりて薄く輝ける土星などと同じく、常に光明を発するゆえに、一目見て遊星にして恒星にあらぬことを知るべく、この遊星の時としてことに光輝を増すは年期来たりてその運行線道の太陽に近づきたるにて、火星は地球にもまた近寄ることあるゆえに、光輝も増しその形の大きく見ゆるは、この道理にて、今より百五十年前に、今日の如く火星の光輝を増したることありて、そのときも人は大きに怪しみしが、のち七十九年目にまた同様の光輝を顕わしたるにて、七十九年目毎には必ず火星の光輝を増す約束なること疑いなきなり。一体この星の太陽を離るる距離は平均の度あい凡《およ》そ一億四千万哩《マイル》なるに、近日のところにては千三百万哩ほども近づきあることゆえ、ごく遠く隔たりたる時に比ぶれば二千六百万哩ほどの近さなればしたがって光輝も増し、また三倍の大きさに見ゆるも理《ことわり》にて、明治八十九年の現象は、必ず今日と同じかるべしと論ぜられたれば、賊のことなどに附きおうていうはもとより論にもならず、ただ異状の星なり、見て驚く人もこれにて心得らるべし。遊星というは常に回る星にて、恒星というは動かぬ星なり、月も星もみな太陽の光輝をうけて光明を顕わすことは、学校へ行くお子さん方は知っておいでだから、聞いて御覧なさい、毎度申すようだが、学校へは早く昇校なさい。なにほど知識が増すかしれませんぞ」――（東とにかく、この赤い色に強く輝き出した西郷星の奇異現象は、わが全国各地をさわがしたものであった。

27 早熟児の標本、満十一歳の花嫁が母となる

【明治十一年一月】

江戸時代では、八歳で母親になったという、下総《しもうさ》の国相馬郡藤代宿〔茨城県取手市藤代〕忠蔵の娘とやというのが、稀代の早熟児の標本として、当時、数種の随筆に書き遺されている。それに比べてやや年齢において一歩を譲るものではあろうが、まずこの十一歳の花嫁が、明治における早熟児の標本であろうか。

これは、前記とやの生国下総とはお隣り同士としてゆかりのある、上総《かずさ》の国武射《むさ》郡北清水村〔千葉県山武《さんぶ》郡横芝光町北清水〕の平山新五衛門の娘ふみで、両親が常に病弱であるところから、一日も早く娘に養子をもらい、隠居の身になって楽がしたいという希望で、まだ満十一歳に足らぬ女である娘ふみへ、正月早々親戚から養子をもらったのであった。

すると、その娘は、まもなく懐胎して、その年の暮れ、玉のような男の子を産み落としたのである。そのとき、養子は十五歳で、お母さんのふみは十一と四ヶ月であっ

たという。――（読売新聞）

28　島中の犬どもを喰い殺した恐ろしい大古猫

【明治十一年一月】

陸前の国石巻〔宮城県石巻市〕から、東南八里ばかりへだてた、田代島というところに、世にも怖ろしい古猫がいた。

この古猫は、島中の犬を、片はしから喰い殺してしまうので、その田代島には犬が一匹もいなくなったそうである。

雨の降る夜など、その古猫が出てきて啼《な》くことがあるが、その吠える声はまるで雷のようで、風さえおこすかと思われるほど不気味なものであったという。

鱈《たら》小屋などへ忍び込んできて、大きな鱈を一口に咬《くわ》えてゆくほどの大猫ではあったが、人にはけっして害をしないので、島民たちは、いつかその古猫を、神様のおつかい姫のように怖れうやまっていたということである。――（読売新聞）

29　怪奇の姿で踊る蜘蛛《くも》男とその数奇の運命

【明治十一年九月】

東京に不思議な蜘蛛《くも》男という見世物があらわれて、大評判であった。

この蜘蛛男というのは、出羽の国〔山形県〕米沢の生まれで、佐藤勇吉といい、当時五十歳余りであったというが、身の丈わずかに一尺八九寸、首から上は尋常の男のようであるが、胴は八寸ぐらい、四肢はみな彎曲して、しかも左の足の甲と、右の足の平とが付着して離れないので、動くときは、ちょうど鳥のひよこのように、ピョコピョコと飛び回るという、稀代の畸形な不具者であった。——それで、蜘蛛男という異名が付せられたわけである。

その男の生家は、維新前は相当の資産家であったらしく、五十歳になるまでは、その恥ずかしい畸形の姿を人にも見せず、深く家に引きこもって、盲人の師匠を招いて絃歌《げんか》をならったり、また文書にも親しんで、わずかに不具の身を慰めていたのであるが、維新後時世の変化とともに家業が衰え、資産も失ってしまったので、ここに不具の身ながら一家の再興を思い立ち、興行師のいざなうまま、東京に出て見世物となり、その畸形を売りものにして、一儲けせんと企てたのであった。

次に、当時その見世物を親しく見物した濹上漁史〔成島柳北《なるしまりゅうほく》〕が「朝野新聞」に掲載した「蜘蛛男子」の一文を抜萃してみよう。

「(前略) 九月某日を以て社員とともに往きてこれを観る、勇士 (蜘蛛男) 場に上るや、一小龕 (その大きさ尋常の書函の如し) より躍り出ず、その手に一扇を把る、始めに舞踏し、終わりに歌謡す、みなよくその節に中《あた》る、その声を聴くに東音にして濁れり、その容貌を諦視するに、従容《しょうよう》として毫《ごう》も哀滅悲惨の色なく、欣々として嬉笑せり、けだし世を玩《もてあそ》ぶの意思あるが如し、（後略）」――（朝野新聞）

30　神木の伐採を計り村内各所に怪火燃える

【明治十二年八月】

山城の国葛野郡梅ケ畑中島村〔京都市右京区梅ケ畑中嶋町〕にある、清滝神社の境内に、一丈五尺ほどもある杉の大木があって、昔から神木といわれていたが、同村の伍長人見徳兵衛という者が、村中の者と申し合わせ、その筋へ願い済みの上、この杉の木を、京都堀川六角下ル谷口慶二郎という人に売り払うことにしたので、同年八月二十一日、数人の樵夫《きこり》を雇って、いよいよその杉を伐り倒しにかかった。

いざ伐りにかかろうとすると、不思議や樵夫たちは、たちまち手足が震えだし、眼はくらみ、どうすることもできなくなったので、

「これは、どうしたことだ」

と怪しみながら、ためらっているうち、突如、同村の岡田亀三郎の家から、怪火が燃え上がったので、

「それ火事だっ」

とばかり、村人はじめ一同は消し止めに駈けつけたが、その岡田方の消火につとめ

ている最中、またもや、同村の谷口嘉七、奥田金兵衛、広田卯兵衛の三軒からも、突然火が燃え上がったので、村人たちは、この一度に起こった四方の火事に、右往左往に駈けまわっての大騒ぎを演じ、必死に消火につとめたが、不思議にも二度目に燃え上がった広田方では、三度《みたび》も燃え上がり、二度までは消し止めたが、とうとう三度目の発火で丸焼けになってしまった。

その騒ぎに、京都府庁からも巡査や役人が出張して、出火の原因をきびしく詮議したが、それは放火でもなく、また粗忽火《そこつび》でもなく、いかにも稀有な怪しい出火なので、一同もただ不審の眉をよせるばかりであった。

そこで翌日、村中一同が寄り集まり、こうした奇怪な珍事の起こったのも、利慾にまよって神木を伐採しようとした罰であろうと、評議が一決した結果、早速、その杉の神木を買いもどし、周囲に青竹の垣を結んだり、シメ縄を張りめぐらしたということであった。とにかく稀有な怪奇の出来事として大評判であった。――（読売新聞）

31　足の裏に日月の模様がある天狗のお弟子

【明治十三年四月】

板倉伊賀守（勝重）の旧藩士で、当時、備中の高梁《たかはし》（岡山県高梁市）に住む岡山県士族武野武平（五七）は、かねてから金毘羅《こんぴら》の信者であったが、明治三年（一八七〇）三月十

日のこと、女房のおよし〔五〇〕に、

「今日は信仰する大権現《だいごんげん》の大祭日であるから、これからちょっと讃岐《さぬき》〔香川県〕へ行ってくるが、留守を頼むぞ」

といいすてたまま、家を出たが、それから一月たっても二月たっても音沙汰がないので、女房も心配でたまらず、わざわざ人を頼んで讃岐へ探《たず》ねにやったが、一向行方が知れないので、これは神隠しにでもあったか、気が狂って死んだのであろうと、良人《おっと》が家を出た日を命日として、仏事をいとなんでいた。

すると、それから十年もたって、ちょうど命日にあたる明治十三年の三月十日のこと、女房およしが茶飯をたき、親類の人たちを呼んで、心ばかりの法事をしているところへ、のっそりと入ってきたのは、死んだとばかり思っていた良人の武平であった。

武平は、垢《あか》のついた行衣の上に、笈《おい》を負い、兜巾《ときん》をあて、武者草鞋《わらじ》をはき、金剛杖をついているのであった。

驚く女房たちを押しづめながら、武平は悠然と座敷に上がり、まず上座に直ると、

「わしは先年、讃岐の象頭山《ぞうずさん》へ参詣すると、大権現のありがたい神託をこうむり、そのままお山にとどまり、名を雄善と賜わって、六根清浄の行者となっていたが、その後修行の功が積み、天狗の仲間入りを仰せつけられ、あらゆる難病を根治する方法を授かったので、人助けのため、さきほど下山し、一時間ほどでここまで飛んできたの

である。……疑わしいと思ったら、わしが足の裏を見るがよい、かたじけなくも、日月の紋があらわれておるぞ」

といって、足を投げ出して見せたので、女房はじめ居合わせた親戚の者たちは、ただ驚きあきれるばかりであったが、恐る恐る武平の足の裏をのぞいて見ると、これはまた不思議なことに、円いものの形が二つ、おぼろげに見えるのであった。

この噂がいつか評判になると、難病の者たちが治してもらいにやって来たが、雄善は一々その足で病人を踏みつけるという荒療治に、この噂がまた高くなって、遂に警察の耳に入り、雄善は拘引されたが、べつに金銭等の礼物を一切取っていないので、一応、訓戒のうえ放免されたということであった。とにかく、江戸時代なら知らず、明治になっても、こうした天狗の弟子のあらわれた事実は不思議である。——（東京日日新聞）

32　夫が夢に貯金の隠し場所を妻に教える

【明治十三年五月】

神田区松富町（東京都千代田区外神田四丁目）に住んでいた松浦おぶん（四二）は、前年その良人《おっと》に死なれて、寂しく空閨《くうけい》を守り、毎日亡き良人の位牌に向かって念仏をとなえるのを、何より楽しみとしていた。

するとある夜のこと、夢うつつともなく、亡き良人が枕辺に立ち現われ、

「わしが存生のうち非常の時の用心にと思い、金十五円を戸棚の破目うらへ隠しておいたから、それを取り出して何かの資本の足しにするがよい」

と告げると、掻き消すごとく立ち去ってしまった。

おぶんは、不思議な夢を見たものだと思ったが、翌朝早く起きて、その夢のしらせにあった、戸棚の裏板をはがしてみると、はたしてぼろ布に包んだ銀貨十五円があらわれたので、おぶんは驚きかつ喜んだが、それにつけても、今さらのように、亡き良人の優しい心根と親切が嬉しく覚えられるとともに、亡き人が恋しく懐かしく、その金包みを抱いて涙にくれているうち、いつか気が狂いだしてしまったという。——（読売新聞）

33　品川東海寺で按摩が松の樹を揉んでいる

【明治十三年十二月】


品川〔東京都品川区北品川〕東海寺には、古い松の樹があったが、十月三日の大風のため、ついに吹き倒されて、十二月のころまで、そのままになっていた。

すると、その月のなかばのある夜のこと、巡回の警官が、その倒れた松の樹のわきを通りかかると、怪しや闇のなかで、しきりと話をしている人声が聞こえるので、

「さては怪しい奴、この夜更けに何者がひそんでいるのであろう」

と、その声を目あてに角灯をさしつけて見ると、これは不思議、一人の老人が、倒れた松の樹のわきに坐って、その樹をなでながら、独りでしゃべっているので、何をしているのであろうと、なおも近づいて角灯の光でよく眺めてみると、その老人というのは、この南北の品川辺を、毎夜のように「按摩鍼」と呼び歩いている、盲目の福島金三郎という爺さんで、彼は、横に倒れた松の樹へ按摩膏をはりちらし、手のすりむけるのも知らず、独り言をいいながら、一生懸命、その松の樹を揉んでいるのであった。

「おい、こらっ、なにをしているのだっ」

と叱りつけると、按摩はびっくりして、揉む手を止めると、夢から覚めたように、茫然としているので、とにかく連れ立って、同人の家まで送りとどけてやったが、別に気が狂っているようすは少しもなかった。

なんでも、この老按摩は、去る十月中にも、東海寺裏で、松の樹を揉んでいたことがあったそうである。——狐や狸にでもばかされたのかもしれぬが、奇怪なユーモラスな事件として評判であった。——（東京日日新聞）

34 聟《むこ》をもらったがその花嫁が男だった珍事件

【明治十三年十二月】

山形病院へ、花嫁が鎖腔《さこう》であるため性器不能であるから、治療してくれと頼みに来たところ、診察の結果その花嫁が男であることが発見されたという、稀有の珍事がある。

次に新聞に出ているその届書と医師の診断書を採録してみる。

「山形県下第一大区四小区新山村農

某　娘

十九年〔歳〕

右ノ者今般鎖腔ノ趣ヲ以テ治療願出候ニ付詳細遂検査候処全ク男性ニテ泌尿器並生殖器共先天不具ノ者ニ有之父母始本人ニ於テモ年来女性ト思惟シ遂教育候モ敢テ粗忽ノ儀ニハ無之欧洲ニモ甚稀有ノ由伝習罷在候ニ付別紙診断書並雛形図解共相添此段御届申上候也

明治十三年十二月

山形病院長　長谷川元良

山形県令　×××殿」

……………………

「男性生殖器兼泌尿先天変形病按

山形県第一大区四小区新山村農某長子名某齢十九年体格中等別ニ病ム所ナシ父母倶

ニ強健ニシテ兄弟三人皆恙《つつが》ナシ其親婚期已ニ迫ルヲ以テ昨年中為ニ聟ヲ迎ヘシモ閨房ヲ偕《とも》ニスルコト能ハズ故ニ自ラ以テ鎖腟トナシ当院ニ来リテ手術ヲ乞フコト切ナリ之ヲ恥室ニ伴ヒ先其体位ノ外候及言語動作等ノ如何ヲ察シ爾後精密ニ陰所ヲ点検スルニ左ノ如シ

○陰嚢ノ縫合スベキモノ裂ケテ左右ニ引縮シ其形状大陰唇ノ如シ

○陰茎発育セズ亀頭ハ皺襞《しゅうへき》ヲナシテ縮少シ僅ニ突起シテ鶏冠状ヲナシ且尿口ナク殆挺孔《ていこう》ニ類似セリ

○尿道ハ会陰部ニ開口シテ其闊《ひろ》サ豌豆《えんどう》ヲ容ルベク周囲ノ粘膜著ク赤色ヲナシ試ミニ測胞子ヲ挿入セシモ其位置更ニ男子ニ異ナラズ容易通達セリ此部ニ至レバ陰嚢ノ裂紋愈隔離セラレ会陰ノ表皮ハ延展シ内方ニ巻縮シテ長形三角状ノ浅溝ヲナシ以テ尿口ノ正面ヲ掩ヒ拇指《おやゆび》頭ヲ容ルベキノ間隙ヲ形成セリ是腟ノ入口部ト誤認セシ所ナリ

○両睾丸ハ発育不足シテ小ナリト雖《いえど》モ右睾ノ如キハ微々大ニシテ本然造腟ノ形状ヲ備ヘ判然股輪ヨリ下降シテ累々按模スルヲ得

○斯ク両睾下降スルモ十分下降スルノ地位ナク又脂肪ニ富メルヲ以テ左右互ニ相接近シテ突隆シ陰阜高ク陰毛モ又叢生ス

○其他交接ノナリ難キト絶エテ月経ノ来ラザルト乳房起張セズシテ男子ト同キト喉

頭骨突起シテ声帯ノ闊大ナルト腰骨ノ尋常狭小ナル等是明治八年中東京医学部ニ在テ独逸医官ウエルニヒ教師生殖器病編ヲ講述セシ所謂「ヒピスパヂー」症ト符節ヲ合スルガ如シ鳴呼造物戯人何恁獪哉

長谷川元良識」

――（朝野新聞）

35　直径三尺ほどの大火の玉が近畿の空を飛ぶ

【明治十三年三月】補遺

近江の国坂本村〔滋賀県大津市坂本、坂本本町〕からの報道によると、十八日午前六時三十分、直径三尺ほどの火の玉が、東方から琵琶湖の上空をよぎり、虹のような尾をひいて、比叡山の西の方へ没したが、その後、地震のように地上が震動したという。

その際、但馬の国豊岡〔兵庫県豊岡市〕の井上氏からの報告に、同日午前六時二十分、市街から辰巳《たつみ》（南東）の方にあたる見開山の頂上に、一団の黒雲わき起こり、その中間から周囲およそ八間ほどの火の玉が舞い出し、戌亥《いぬい》（北西）の方をさして二里ほど飛行し、それからまた丑寅《うしとら》（北東）の方へ向かい、たちまち三つに別れて相連なり、二里ばかり飛んでいったが、やがて薄雲と化してしまった。そのときちょうど、雷鳴のような大きな響きが起こり、同時に激しい地響きとともに、障子や雨戸がガタガタゆれ動いて、今にも外れそうになった。その間がおよそ八分間ほどで、雷だというものや、地震だというものがあって、みな奇異な思いをしたという。なおその火の玉は、金色を帯びて尾を七、八間ばかりもひいていた。

新聞社の社員の人に、伊予の国〔愛媛県〕の人があって、その人の話に、同地には檜山が多く、檜の摩擦から火の玉の出ることがたびたびあるので、土地の者は怪しまないとのことであったという。

なお大阪では、その火の玉が現われてから、相場師連などが、何か変動のある前兆だろうなどといいふらしたためか、堂島の米相場は一石につき四十銭ほども騰貴したということである。

「二百十日の雲立ちにて、米価の高低あることはこれまで聞きたるが、火の玉のために米価の昇りたるは咄々《とつとつ》怪事」

と新聞記事に出ている。

また、同じ火の玉の件につき、丹後の国中郡大野村〔京都府京丹後市大宮町〕からの報告によると、十八日午前六時、戸外がにわかに万灯をともしたように明るくなったので、急いで戸を開けてみると、火災の煙に似たものが、一条空にかかり、女帯を二筋合わせたくらいで、それが湯の煮立つように渦をまき、色は蒼《あお》く、寅《とら》の東北方から午《うま》(南)の方へ湾曲しているのを見たが、しばらくして雷のような響きがして山野一時に震動し、あまりの恐ろしさに震えおののいたという。なお、当時屋外にいたものは、長福寺の後ろの方から、五升樽ぐらいの火の玉が昇り、東の方に飛び去るのを見たそうで、煙のように見えたのは、火の玉の飛行した跡であったろうとのことであった。

――（朝野新聞）

36　十二、三歳の少年が二人で女郎買いに行く

【明治十四年四月】

「浅草区浅草（東京都台東区浅草）二十四番地富士米造の長男伊之助と同町十七番地の髢屋《かもじや》の倅河村徳造の両人は、まだ乳の香も失せぬ十二、三歳の少年ながらなかなかませた性《たち》とみえて、伊之助がときに徳さん、お前まだ女郎買いをしたことはないか、己《おれ》は買ったことはないが、他の伯父さんたちが女郎買いほど面白いものはないというから買いに行ってみようじゃないかというから行ってみようと、どう算段したか二人で二円たらずの銭を拵《こしら》えて、一昨日（十三日）の夕暮れ千住南組貸座敷加賀見新右衛門（相模屋）方の店先へ小腰をかがめて、モシこちらで女郎を売ってくださりませぬかというゆえ、コイツは変わった客だと妓夫《ぎゆう》は二階へ案内して、台の物を出す段になると、団子がよいの饅頭が喰べたいとさんざん食い荒らし、いよいよお床入りとなり、伊之助はお福、徳造はお歌という、いずれも四十島田の母に等しき

年増の娼妓に引かれ、おのおの閨中に入り床の上へ乗せられると、徳造はベソをかき、しくりしくりと泣き出すので、お歌は笑いながら、何が悲しくてお泣きだと背中を撫ですかすと、お前が死んだお母アによく似ているので、生きているうち抱かれて寝たことを思い出したと、いよいよ泣きたてるゆえ、さすがの古狐も困《こう》じ果て、はては明日は赤の飯に魚添えてとはまさかいうまいが、お寝よお寝よとすかしなだめてやっとのことで寝かしつけると、また伊之助は相方のお福が回しへ行きたるあと、すやすや寝入り込みしが、母に添い寝の夢でも見しにや、夜半についい目を覚まし、お母さんしっこしっこしっこと呼び立てれど来る人もなきゆえ、とまどいせしとみえ、二階の欄干よりシャアシャアと垂れると、下の座敷には或る客がお千代とささめ言の最中、頭の上からしたたか小便を浴び、お千代もまた無理算段の晴れ着へ垂れかけられたので涙ぐんで怒りだしたが、妓夫や遣り手が駈けつけて、子供のことだからとなだめてもなかなかきき入れず、もよりの警察署へ訴え出でしかば、二少年は拘引され取り調べのうえ小便の罰金十五銭、お千代の衣類償金四十銭を申しつけられ、意外の散財となりたれば、揚代金の七十銭と合わせると持ち合わせが不足をしたれば、両人の親どもを呼び出されこの始末を達しられたれば、親父らは金を差し出して警察で泣いている少年を負いて立ち去りたりと、登楼して銭なく馬に乗るは往々見るところなれど、親爺の背中へおぶさり去るは、これをもって始めとす、嫖《ひょう》

客《かく》もまた種類多し」――（東京曙新聞）

37　女装の変態男が売淫で処刑された珍判決

【明治十四年四月】

茨城県土浦町〔土浦市〕の、料理屋鰭原《ひれはら》倉吉に雇われているお琴という女は、変性男子だとか、両性だとか、いろいろな噂を立てられていたが、取り調べの結果、同人は、まったく東京府士族の稲小登次（二六）という、立派な男子であることが判明した。

同人は少年時から女装を好み、男子の情態を失い、鶏姦によって売淫の行為を続けていたので、ついに事実が暴露されて、明治十四年四月六日、区裁判所の処刑を受けたが、その行為の奇態は別として、その判決文が珍奇なものであるから、次にその全文を掲げてみよう。

当時、江戸期以来の陰間《かげま》の習俗が失われずにいて、かかる不自然な行為によって処罰を受ける者も相当にあったらしい。

「其方儀幼少ノ時ヨリ屢々鶏姦セラレ爾来因習ノタメ殆ンド男子ノ情態ヲ失ヒタルニヨリ、居常女装シ因リテ婦女ナリト偽リ、料理渡世鰭原倉吉方へ雇ハレ中、明治十四年二月二十一日夜右倉吉方へ泊リ合セタル車夫染谷富次ノ寝床ニ忍込ミ、婦女同様ノ手段ヲ以テ鶏姦セシムル科、改定律令第二百六十六条ニ依リ、士族ナルニ付

破廉恥甚キヲ以テ論ジ、除族ノ上懲役九十日申付ル」——（郵便報知新聞）

38 九歳で長さ六寸の局部を有する早熟児童

【明治十五年一月】

「千代は千代色をばかえぬためしにと、戸ごとに立つる松竹の緑に縁もあらおかし、子供に似合わぬ春めきし、年の始めの大珍報は、所の名さえめでたく聞こゆる、福井町に住む、福岡県士族近藤何某の長男昇平は、治まる御代にふさわしき名前にあれど、ふさわしからぬは今年ようやく九歳と五ヶ月の童なるに、……云々」という名文の書き出しで、「郵便報知」が、稀代の早熟児のことを報道している。右の記事によると、九歳の小児昇平は、医師の検査によると、局部陰茎の周経四寸二分、長さ六寸という、壮年者に等しい異常発達をみているもので、すでに乳母との間に、性交があった如く記されているが、とにかく、未曾有の異常早熟児というべきであろう。——（郵便報知）

39 時計の代用をする不思議な睾丸をもつ男

【明治十五年七月】

島根県飯石《いいし》郡掛合《かけや》村〔雲南市掛合町〕に、板垣茂一郎という者がいた。この男は疝気《せんき》持ちで、その睾丸は普通人の三倍ぐらいの大きさであったが、奇妙なことに、彼は村人たちと田畠へ野良仕事に出かけたりするとき、正午の十二時がくると、一秒もたがわずに「それ、十二時だ」といいあてるので、村人から便利がられたり、不思議がられたりしていたのであった。

ところが、この板垣茂一郎は、絵図面をひくことが上手なので、地租改正の際、図面引きの係に雇われ、日々役場へ出勤するようになったが、毎日、昼の弁当を食べるとき、ほかの人たちが食べても、

「まだ十二時には、少し前です」

といって、自分は仕事を続けているし、またほかの人が仕事をしていても、

「それ、十二時だ」

といいながら、せっせと弁当を食べだすが、その時刻は、いつも十二時に一秒もたがわないという時計以上の正確さなので、役人たちも不思議に思い、ある時、

「お前は、どんな上等な時計を持っているのか」

と尋ねると、彼はニヤニヤ笑いながら、

「私のは、体に備わった時計があるのです。それは私の睾丸で、正午になると睾丸がだんだん上がってきて腹部に入って上がりきったときが、ちょうど十二時に一秒もちがわないのです。それからまただんだんおりていって、陰嚢の底に落ちきったときが、

夜のちょうど十二時にあたりますので、それが一秒もちがわない正確なのです。これは天然の睾丸時計で、機械も狂わず、途中で落とすようなこともなく、よそで忘れてくる心配もありませんから、わたしにとって唯一の宝物です」

といったので、人々は初めて、その不思議な時計の謎が解け、大笑いをしたということであったが、世にも珍らしい睾丸があるものである。――(朝野新聞)

40　三本足猿や人面鳥十足のコレラ病の呪《まじな》い

【明治十五年八月】


その年、東京地方ではコレラ病が非常に流行したが、その当時、絵草紙屋で、三本足の猿や、老人の顔に鳥の足のついたものなど、怪しい粗絵《あらえ》を売り、その能書に、

「この絵を門頭に貼りおけば悪疫恐れて来たらず」

と書いてあるので、一般民衆はその絵を争って買い求め、各戸の表に貼りつけていたという。奇怪な三本足の猿や、人面に鳥の足が十もある化物のような絵が、なんでコレラ除《よ》けの呪い札になったか、その理由はわからないが、とにかく奇妙な迷信がはやったものであった。

ちょうど昔からある疱瘡除けの呪《まじな》いに「鎮西八郎為朝御宿」と書いた紙を出すのや、お七風邪流行のとき「久松るす」と書いた札を貼ったのと同様であろう。

この奇怪な迷信があまり流行してきたので、ついに東京警視本部から、次のような布達が出たのであった。

「明治十五年八月二十八日、警視総監ヨリ巡査本部へ達
浅草区芝崎町十八番地坂田善吉出版ノ図書（人面鳥形十足ノモノ）及ビ本郷区湯島六丁目二十六番地波多野常定出版（猿面三足ノモノ）ノ彫画等ヲ門口ニ貼付シ無稽ノモノヲ盲信シテ虎列刺《コレラ》予防法を忽《ゆるが》セニスルハ不都合ニ付発売差止メ候条右図画及ビ類似ノモノヲ門戸ニ貼付ノ者有之候ハバ差止メ方至急取計フベシ此旨相達シ候事」

このような禁止命令が布達されたほど、その奇妙な呪いは流行したものであったらしい。――（朝野新聞、明治奇聞）

◆コルクの黒焼がコレラの妙薬――これはずっと以前の明治元年（慶応四年〔一八六八〕）ごろの話であるが、「コルクの黒焼が溜飲並びにコロリ（コレラ）に効能ある説」と題して、つぎのような記事が新聞に出ていたのである。

「民間医方の書に留飲《ママ》（胃酸過多症）の癖ある人、毎日コルクの黒焼を粉にして水にて一日に三度ずつ用うれば、必ず効能ありという説を記せり、然るに新聞紙に左の奇説あり
（コルクはフラスコの栓にする木なり）

英吉利船、去年海上にて俄《にわか》にコロリを煩う者三十人ほど出来《しゆつたい》せしに、コルクの黒焼を粉にして水と乳汁とにて頻《しき》りに用い、皆全快せり。是《これ》は天竺《マ》（外国《マ》）地にて民間の用ゆる薬方なりとぞ」（中外新聞）

とにかく、コルクにどんな奇効があるのかは知らぬが、奇妙な薬が用いられたものである。幕末以来コレラ病が、幾度か激しい流行を来たして、極度に無知な民衆を怖れさせ、そしてそこにいろいろな珍談奇聞が生みだされたものであった。しかし、後年の三本足猿のような貼り紙の迷信より、はるかに根拠のあるものであろう。

41　身長二尺八寸、虫ばかり食べている三十女

【明治十五年頃】

越後の国東蒲原郡津川四間町（新潟県東蒲原郡阿賀町津川）に、年は三十歳に近くなっても、身長わずかに二尺八寸で、手足は子供のように小さく、虫ばかり食べて生きている女があった。

この女は、身体はそういうふうに小さく、子供のようであったが、お腹だけはすばらしく大きく、まるで妊娠でもしているようにふくれ上がっていた。

そして、平常決してご飯や野菜などを食べず、常に、芋虫、みみず、土鼠《もぐら》、百足《むかで》、蟻《あり》などという不気味な虫類ばかり食べていた。なお冬になって、虫類がいなくなると、

余儀なく生豆ばかり食べていたという。――（蒐集記録）

42　鶏頭《けいとう》花に莢豆《さやまめ》の実がなった不思議な奇蹟

【明治十六年一月】

明治十五年の頃、伯耆《ほうき》の国久米郡倉吉町〔鳥取県倉吉市〕に、何某という老夫婦があった。

お爺さんは非常な弘法大師の信仰家であったが、その年の夏、爺さんは仏前に供えるお花をつくるのだといって、畦《あぜ》の一側に鶏頭《けいとう》花の種子をまいたが、媼《ばあ》さんは、それを知ると、

「お爺さんの仏三昧もいいかげんにするがよい、鶏頭なんか咲かしたって、なんの利得もないじゃないか。莢豆《さやまめ》でも蒔くがよい」

といって反対した。その後も、老女のくりごとで、何かというと、その無駄な花つくりを悪しざまに罵って、老夫婦は口喧嘩をしていたが、ある日も、媼さんがまたそのことをいい出して、爺さんと口争いをしていると、折から、その家の表に立ちよったのは、みすぼらしい法衣をまとい、手に錫杖《しやくじよう》をもった、年老いた出家であった。

そして、家の内の老夫婦の争いを耳にすると、その出家は、やさしい調子で、

「もしもし、お前さんたちは、何をいい争っているのだね」

と尋ねた。媼さんは腹立ちまぎれで、返事一つしなかったが、信心家の爺さんは、出家と見ると、丁寧な物腰で、自分が花つくりをしたことを、家内が何かと反対して無駄なことをすると文句をいって困ると事情を話すと、出家は笑いながら、

「よいよい、お前さんの信仰心も感心なことだし、御家内の土地を無駄にせず、実益のある豆をつくった方がよいというのも一理がある。いずれも殊勝な心がけだ。まあまあ、待っていなさるがよい。そのうち、よいしるしを見ることができよう」

というのであった。その言葉つきや様子が、いかにも尊い仏僧のように思われたので、

「ありがとう存じます。……ご出家様は、いずれのお方でいらっしゃいますか」

と、爺さんが尋ねると、

「わしは、西岩倉町の者じゃ」

といったばかりで、そのままいずこともなく去ってしまった。

そののち、しばらくすると、鶏頭には美しい花が咲いたが、不思議や、数日たつと、その花のまわりに、豆の莢のようなものがたくさん生じてきた。そして、それが熟したのを見ると、実に立派な大豆の実ができているのであった。

爺さんはもちろん、媼さんの驚きも非常で、

「さては、あの御出家は、〔西〕岩倉町といわれたが、それではあの町の吉祥院の大師

様の化身であったかもしれぬ」と、今さらのように、その奇蹟に感激し、早速その鶏頭から生じた豆を、吉祥院へ奉納してありがたがっていたという。けだし、まことに不思議な奇蹟のような話である。――（東京日日新聞）

43　初夜権の奇習から舅と嫁が心中した怪事

【明治十六年一月】

昔、地方によっては、「初夜権」と称する奇怪な婚礼に関する悪風習の行なわれた所があった。宮城県下宮城郡花巻ケ浜（?）という土地でも、その奇習が行なわれていたらしい。この悪習は、人の婚礼をする際、その嫁が輿入《こしい》れするとただちに、婿となる者の父または媒介の男が、一応その嫁と同衾《どうきん》し、しかるのち祝言《しゅうげん》の盃を取りかわすという習慣であったという。明治の聖代に至っては、もちろんかかる悪習は絶対に禁止されたのであったが、なお十六年の頃までは、一部なお頑固にその悪習を守るものがあったらしい。――以下、当時の新聞に記された、その全文を掲げてみよう。

「……水島治右衛門といえる老夫が倅の治作（一八）へ、同村（宮城県花巻?）大内某の娘おとみ（二二）というを貰う約束調い、去月二十四日（一月）を黄道吉日《こうどうきちにち》とし、その夜に婚姻の式を行ないしが、例に依て宴席の次の間へ衾《ふすま》を設け、屏風を立て回したる中へ新婦のおとみを誘い、父治右衛門が入りて一寝したるは未だ宵の九時頃なりしが、いつまでたてど舅と嫁は出で来たらず、早や暁方《あけがた》の二時ともなれば新郎の治作は、親類の手前といい自分も余り馬鹿馬鹿しいと堪えかねて、父を呼びしが、更に返辞が無きゆえ、屏風押し明け夜具引き捲れば、コハ如何に、治右衛門とおとみの二人は、いつの程か息絶えて五体も冷えて居りたるにぞ、治作は素より、来客の人々も婚礼が変じて葬礼と成りたる騒ぎに、その混雑は一方ならず、これぞ二人は前世からの宿縁にて、かかる事にて死ぬという約束ならめ。さらば二つに引き分けるより、このまま一つに葬る方が当人どもの本望ならんと、二人振りの棺を拵《こしら》え、同二十六日、先祖代々の墓の側へ二人の死骸を埋めしという」——(郵便報知新聞)

44　満十歳同士の少年と少女が駈け落ちを企てる

【明治十六年二月】

「急進の少女」という見出しで、明治十六年二月の新聞に報道された記事であるが、素晴らしい早熟児の奇話として、見逃せないものであろう。おそらく男女の駈け落ちとして、その年少の点では、明治第一の記録保持者であろう。——以下、当時の新聞記事が興味深き名文でつづられているから、そのまま採録することにする。

「……(前略)野州栃木万町(栃木市万町)の按摩某の娘わかは、本年十一年なり、子を思う親の心、まして盲目の身なれば、せめて娘は人なみなみ眼を明かせたしと、近所の学校へ通わせしが、同窓同級に新太郎とて十年何ヶ月の少年あり、お若はいつか繁き学友の目を忍び怪しき交わりとなれり、去る十四日にお若は同町の杉山忠蔵が許《もと》へ留守番を頼まれしかば、人目なきを幸いに、新太郎を呼びよせ、筒井筒いげたにかけしまろがたけ逢初川《あいそめがわ》のあい初めては、外の殿ごは私ゃいやいや、いっそこの土地をば逃げ、お前は丁稚《でっち》わたしは子守、たとい人に雇われても人目はなれてまた嬉しき逢瀬《おうせ》あるべし、その用意には母さんの臍くり金を五円路費にとて窃《ぬす》みて来たり、もう家へは帰れぬ身、これからすぐに伴《ともな》いてと、大人も及ばぬ老練言に、新太もしれ者、実《げ》にそれもさようかと駈け落ちする気になりしは、呆れ果てたる乳臭等なり。お若が母は怪しき素振りにそれと覚り、無理に二人をわが家へ伴《つれ》帰りしとか、急進の少男、過激の少女、汽車も及ばぬ進歩驚くべし」――（東京日日新聞）

45　鳥や獣の啼き声を真似る天才の孝子奇譚

【明治十六年五月】

宮城県の栗原郡片子沢村〔栗原市一迫《いちはさま》片子沢〕という片田舎に、渡辺四方作という百姓があって、農業のひまひまに鳥などの猟を内職としていたが、その一子の与吉（九歳）というのは、誰に教わるでもなく、不思議にも鳥獣の啼き声を真似ることが上手で、与吉が猫や犬の啼き真似をすると、ほんとの猫や犬が来たのかと人々が怪しむほどで、付近でも評判の子供であった。

ところが、父の四方作は、去年（明治十五年〔一八八二〕）の暮れに、ある人から金二円を借りたが、その後とかく病気がちで、思うように働くこともできず、その金も返すことができないで心を痛めていたが、ある日、その借り主の家に祝いごとがあって、雉子《きじ》十五羽を注文され、前に借りた二円の借金は、その雉子十五羽で差し引きにしようという話であった。

ところが、その頃はなかなか雉子の猟は少なく、一日中駈けまわっても十五羽はおろか、五羽を獲るのもむずかしい有様なので、四方作も当惑したが、それかといって、断わることもできないので、余儀なく鉄砲をたずさえ、倅の与吉を連れて、山へのぼっていった。

すると、与吉は、例の上手な啼き真似で、雉子の啼き声を出すと、不思議や、その声をしたって、数十羽の雉子が四方から飛び集まってきたので、四方作は大いに喜び、時ぶんを見はからって、火蓋をきると、わずか六、七発で、三十二羽というたくさんな雉子を獲たのであった。

親子は、思わぬ獲物に勇み立ち、それをかついで家に帰り、早速注文主のところへ十五羽をとどけ、借金の証書を受け取ったが、その際、四方作は、

「今日は思わぬ大猟で、まだ十七羽も雉子がのこっております」

というと、

「それでは、その残りの十七羽を、三円五十銭で買ってやろう」

すぐさま現金を渡されたので、四方作は夢かと打ち喜び、すぐさま残りの十七羽をとどけたが、これも孝行な倅与吉の手柄だというので、そのうち一円を与吉の書籍代にあて、人に托して仙台から書籍をかって褒美に与え、残りの二円五十銭は、たいせつに貯えることにしたという。まことに、聞くも美しい奇譚である。——（郵便報知）

46　七歳の神童、学修のため一詩を遺して家出

【明治十六年五月】

宮城県宮城郡利府《りふ》（町）に住む、近藤利右衛門の一子利一郎というのは、稀代の神童で、四歳のときから書を読み、一聞百知の才があり、非常な悧巧者であった。

ちょうど、明治十六年五月は、満六年二ヶ月で、数え年の七歳であったが、すでに『日本外史』ぐらいはスラスラと読み、常に新聞なども読んでなかなか大人も及ばぬ識見をもち、

「男と生まれて、立派な人物になるには、東京に出て学問を修業しなければならない」

と、幼い身で、早くも東都遊学を思い立ち、しきりと父親にせびるのであった。

父の利右衛門も、わが子の健気な心には感心もし、嬉しくも思うのであるが、なにしろ、まだ七歳という頑是ない子供なので、もう四、五年は待つようにと、宥《なだ》めすかして止めていたが、神童利一郎はそれが不満でたまらず、不機嫌な様子であったが、ついに五月の十九日、一通の遺書と、一首の詩をのこして、家を飛び出してしまった。――これはまた、よい意味における、素晴らしい早熟児と驚かせられよう。その遺書に曰く、

「拙者今度学問修行の為、出京致候間向十ケ年間御暇下被度奉歎願候、就ては路費として金五円頂戴仕り候、右之趣御母様へも宜敷御伝声被下度奉願上候、委細は着京次第可奉申上候

敬拝

利　一　郎

御　親　様」

としるし、その奥に一首の詩が認《したた》めてあった。

軒窓吹払一簾風、　午睡醒時日已空、

杜守声々何処去、　前山万木緑陰中。

これが七歳の幼児が書いたものかと思うと、驚嘆にあたいするものがあろう。――

（東京日日新聞）

47　古今未曾有、七十の婆さんが懐妊した奇話

【明治十六年九月】

摂津の国兎原《うばら》郡葺合村〔兵庫県神戸市中央区葺合町〕の百姓、俵屋吉右衛門は、その時がちょうど七十五歳で、その妻は七十歳に達し、数十年の間仲よく暮らしていたが、その年まで一子も授からなかったので、余儀なく男女の養子を貰い、それを娶合《めあ》わせて家業を譲り、今では孫さえ数人あって、隠居の身分であった。

ところが、その年の二月ごろから七十になる老妻が、とかく気分がすぐれぬ様であったが、そのうち、腹部がだんだんと膨れてきたので、もしや脹満《ちょうまん》という病気にかかったのではないかと、医師の診察を乞うたところ、不思議にもまさしく妊娠であるというので、老夫婦も一時はびっくり仰天したが、また喜びもひとしおで、それこそ神明のお授けものであろうと、身体を大切に、その出産の日を指折り数えて待っていたというが、七十の婆さんの懐妊とは、まことに古今未曾有の話であろう。

「……もし杜甫をして聴かしめば、妊娠七十古来稀の句にかゆべし」

と、新聞がその記事の最後に記している。――（東京日日新聞）

48 汽車より速く走った不思議な韋駄天俥夫

【明治十七年三月】

東京築地《つきじ》に居留していたタイルメンという英国人が、午前十時四十五分新橋発の汽車に乗り込むため同駅へかけつけたところ、京橋木挽町十丁目〔東京都中央区銀座六丁目〕まで来たとき、すでに駅では発車の汽笛がなりひびいた。しまったと思った外人は、折から橋ぎわに辻待ちをしていた七、八人の俥夫に向かって、

「おい、品川まで、いま発車した汽車に間に合うように行ってくれたら、賃銀はいくらでも払うから、乗せていってくれないか」

といったが、いかに駈けるのが商売の俥夫でも、さすがに汽車と競争する勇気のあるものはなかったとみえて、それに応じるものはなかった。と、そのなかから、何を思ったか、

「旦那、一つやってみましょう、お乗りなさい」

といって飛び出した、若い元気な俥夫があった。——この俥夫は、本芝四丁目〔港区西芝浦一丁目〕の小坂弁蔵という男だった。——鉢巻するひまももどかしく、「ハラヨー」とばかり、駈け出したが、その速いこと、人間業とは思えないほどで、韋駄天走

りをつづけて、見事、汽車よりも四分早く品川の停車場へ着いたのであった。

英国人も、これにはびっくり仰天したが、その喜びは非常なもので、賃銀として銀三弗《ドル》をくれたという。当時、新橋、品川間の車代は、せいぜい十銭位のものであったから、俥夫弁蔵は成金になったわけであるが、いかにその頃の汽車が、今に比べて速力が鈍《にぶ》かったものとはいえ、すばらしい走力を持っていたものである。――（蒐集記録）

49　不忍池《しのばずのいけ》から七尺にあまる大鯉の骨が出た

【明治十七年秋】

その年の秋ごろ、東京下谷《したや》上野山下〔台東区上野七丁目〕の不忍池《しのばずのいけ》を浚《さら》えたとき、その水底から、七尺にあまる稀代の大鯉の骨が発見されて、大評判になった。

その大鯉については、古い語り伝えがあった。それは、その年からおよそ百十二年ほど前にあたる安永元年〔一七七二〕のこと、千葉の松戸で川をせいて鯉や鮒の類を漁《すなど》ったとき、六尺にあまる大きな鯉がとれたのであった。あまり珍らしい大鯉だというので、殺すのも気味が悪く、それかといって入れておく物もないので、とりあえず酒造屋の酒桶に入れておいた。それをその近くのお寺の坊さんが、かわいそうだというので、その大鯉を買い取り、また元の淵へ放生《ほうじよう》してやったのである。

すると、それから四、五年ののち、また同じ流れを汲む利根川で、七尺あまりもある大鯉がとれたのであった。その鯉を江戸へ売りにきたが、ある人がそれを千住で買い取り、こんどは不忍池へ放生してやった。

その後、不忍池は一度も浚えたことはなかったので、この秋に水底から出た大鯉の骨は、きっとその利根川の鯉であったろうと噂された。それに、こんど池を浚ったときには、ほかに一尾も大鯉の骨はなかったし、また生きたものもいなかったし、それまでに大鯉がとれたという記録もないので、その骨は利根川の鯉に違いなかったらしい。とにかく、珍らしい大鯉の遺物であった。——（蒐集記録）

50　一度に二升五合、三日分を食べ溜めする男

【明治十八年頃】

東京都府下の某郡役所の役人をしていた、本所五ツ目（江東区大島）生まれの某《なにがし》というのは、世にも不思議な腹を持った男であった。

年は四十二三であったが、役所で勤務している間、一度も飯を食べたことがなく、朝から晩まで働きつづけているので、役所内でも大評判になって、ひどく不思議がられていた。

「どうして、あの男は、食べずに働きつづけていられるのだろう」

と、役所の人々の間に、大問題となったが、物好きな人が、種々彼の行動を熱心に

探索しているうち、ある夜、この男が飯を炊いているのを発見したのである。

そこで、秘かにのぞいて見ていると、その男は、炊き上げた二升あまりもある麦飯を、ただ沢庵だけを菜にして、ペロリと一度に平らげたので、びっくり仰天したのであった。

その後、親しくその男から、その奇妙な食べ方について、詳しい告白を聞いてみると、その男は、若い時から食べ溜めをする習慣があって、一度食べたら、その間は何も食べずに働きつづけ、一度の食事は通例、麦一升に米八合で、それが三日分の一度食であるという。そして若い時には、一度に二升五合ぐらいペロリと平気で平らげたというので、さらに驚かされた訳である。駱駝《らくだ》のような便利な腹をもった男ではある。

――（蒐集記録）

51　手の指が六本と八本、足が牛の爪のような娘

【明治二十年頃】

見世物などには、いろいろなこしらえものの、詐欺的なものがあるが、これは正真正銘の、世にも不思議な奇形な娘であったという。

明治二十年前後に、東京地方を興行していた見世物に、「牛娘」というのがあった。名前は千代と呼ばれていたが、この娘は、右手の指が六本、左手の指が八本あった。

そのうち一本は、親指から枝になっていたのを切断したという。

しかも、さらに奇怪なのは、その足で、これは、両足の先とも、指というものがなく、そのうえ足の甲まで二つに裂けていて、ちょうど牛の爪のような形をしていた、それで、「牛娘」という名がつけられたものらしい。

手の指が、普通人より多いためか、手先の仕事が非常に器用で、いろいろなことをしてみせたということであった。——（蒐集記録）

52 妊娠中の女の死体から赤ん坊が産まれ出る

【明治二十三年三月】

身重だった女が、赤ん坊を産むと同時に死んだという話は珍らしいことではないが、これは絶命した身持ち女の死体から、男の子が産まれ出たというから、世にも不思議な話である。かつ、コレラ病流行時代の一面を物語る哀話でもある。次に、その新聞記事の全文を採録する。

「世には稀《めずら》しきこともあるもの、大阪西成郡上福島村（大阪市福島区）三百八十六番地の戸長文五郎方に止宿する同郡下新庄村（大阪市東淀川区下新庄）の生駒おふさ（二四）といえるは、妊娠して早や臨月なるに、良人《おっと》某は西区辺に増花《ますはな》ありて妻のことは見返りもせず、おふさは平生口惜しきことに思えど、今なまじ逆らい立てして、いとど厭《あ》き果てられんより静かに折を待つこそよけれと、泣く泣くその日を送るうち、去る二十日の午後よりにわかに劇《はげ》しく下痢を起こしたれど、身は重し夫は留守、近所の者は時節がらコレラにもやと恐れて見舞わず、おふさは医師を乞うこともならず、薬求むるすべもなく、哀れ翌朝死亡したり。かくても打ち捨ておかれんようなく、近所の者はようやく郡役所へ通じ、巡査、医師出張の上、おふさが死体を改めしところ、まったくコレラ病に相違なきより、早速良人を呼び戻し死体を棺に納めんとするとき、こはいかに、死体より玉のようなる男の児を分娩せしかば、立ち会いの吏員は大いに驚き、消毒をするやら児を取り上げるやら一方ならぬ騒ぎなりしと、哀れなるはおふさ、情けなきは良人某」――（東京朝日新聞）

53　夜半に室内の道具が動き出して百鬼夜行

【明治二十三年十月】

明治初年、浅草にもこういう怪奇があって、一時世間を騒がしたが、これはさらに、物凄い不気味なことが起こった。

明治二十三年九月上旬に、東京芝三田四国町二番地（港区芝三丁目）へ、宮地赳武（四八）、長男総彦（七つ）、長女おしづ（十歳）の三人が転宅したところ、その月は別に変わったこともなかったが、翌十月十日ごろから夜になると、いろいろな不思議なことが起こり出し、まず室内にある煙草盆、火鉢などの小道具が、自然とゆらゆら動き出し、天井へ吊り上がったり、また台所の米櫃《こめびつ》、擂鉢《すりばち》、鍋、釜、茶碗の類も、まるで生きているもののように躍り出し、戸棚の上へ上がるのもあれば、雪隠《せっちん》のなかへ飛び込むものもあり、時には、家族の者が寝ている天井から、米や灰などが降ってくることもあって、不気味なこと限りなかった。

そのため二人の子供は、夜になると怖れおののき、父のそばに寄りそって離れない始末に、父親の宮地も、あまりの奇怪さに不気味でたまらず、

「今度こそ動き出したら、斬り捨ててくれよう」と、寝床の枕もとへ、鉈《なた》や出刃庖丁などを置いたが、いつかその鉈や庖丁まで躍り出し、室内を飛びまわるという有様であった。

また時には、縁の下で、按摩の笛の音が吹きならされたり、急に戸障子が拍子をとってなり出すなど、まったく百鬼夜行の怪異がつづいて起こるので、遂に高輪警察署へ訴えでるとともに、祈禱者を招いて、怪異鎮圧の祈禱を頼んだということであった。

——(東京朝日新聞)

54　男根二ケ、陰門二ケを有する不思議な奇児

【明治二十六年二月】

東京麹町二番町〔千代田区〕の長島産婆学校の病院へ入院中であった、埼玉県北足立郡二宮村〔?〕の志村静（一八）は二月中旬、産気づいたが、非常な難産で、ようやく生みおとしたのは、実に稀代の畸形児であった。

その産児は、腹部から背へかけて、陰門とおぼしい穴が二ヶ所あり、また男根とおぼしいものが左右に一つずつついている奇怪なものであった。

さらに、不思議なことは、その産婦はもちろん、嬰児も無事に育つ様子であったので、そのとき立ち会った医科大学の栗原氏というのが参考資料として、その子を貰いうけようとしたが、産婦はその申し込みを承知せず、自身で育てるといっていた由である、その後のことが不明なのが遺憾である。——〔読売新聞〕

55 三歳で流経があり九歳で母となった少女

【明治二十六年七月】

長崎県南高来郡北串山村小田山〔雲仙市小浜町〕の百姓某の娘は、当時九歳であったが、普通の幼女に比べると背丈も高く、発育もよかった。ところが、その九歳の幼女は、前年八歳の秋ごろから、お腹が膨れ出したが、さすがに妊娠とは誰も思わず、両親も脹満《ちようまん》であろうと心配するうち、いつか月がたち、翌年九歳になった七月、産気づいて男子を産み落とした。しかし、難産であったため、嬰児は死亡したとのことである。

妊娠その他の原因は、不明であった。

なおその娘は、三歳の頃から、すでに経水をみたということである。――江戸期の、八歳の母親と相並んで、早熟児の両横綱といえよう。――〔読売新聞〕

前項〔27項〕に記した十二歳の母のことを、明治早熟児の標本と思ったが、これはまた、さらに早い。

56　生後二十日目に歯が生え酒を飲む赤ん坊

【明治二十六年八月】

阿波の国名西《みょうざい》郡浦庄村大字下浦村〔徳島県名西郡石井町浦庄下浦〕百六十番屋敷に住む、雑業富田岩吉（三八）の情婦西田しま（四三）が、その年六月三十日に男の児を産んだが、その赤ん坊はめずらしい異常児で、生後わずかに二十日をたつ頃に、もう下の前歯が生え、三十日ばかりすぎた頃には、仰向けに寝かしておくとひとりで寝返りをうち俯《うつ》向《む》けになるというほど、自由に身体を動かすし、手になにか物をつかませると、まるで三歳ぐらいの子供と同じような力を出すのであった。その上、麦飯や甘薯などを食べさせると、それもひとりで上手に食べるという発育ぶりであった。

薬が非常にきらいで、どんなにして飲ませようと思っても飲まないが、あるとき試しに酒を飲ましてみたところ、大喜びでチュウチュウと音をさせて飲むので、人々は

その怪童ぶりと、酒好きの様子に、成長後を心配していたという。——（読売新聞）

57 穂の長さ六尺、目方五貫匁《もんめ》ある稀代の大筆

【明治二十六年十一月】

前代未聞の大きな筆が註文されたという奇聞である。当時の新聞記事に、

「昔、葛飾北斎が、尾張の国において達磨の大像を画かれたときの規模、すべて広大なりしことは人口に膾炙《かいしや》するところなるが、今度、長野県松本町〔松本市〕士族児島啓氏（当時、更級郡更級村〔千曲市〕居住）は、今ここに耳順《じじゆん》〔六十歳〕を越えたる老体なるも、矍鑠《かくしやく》として衰えず、元気ますます盛んなるが、このほど感ずるところありて、一の宮を始め全国官幣、国幣、ありとあらゆる有名の神社へ奉るべき大幟《のぼり》へ大書することの誓いを起こし、計画ほぼ熟したるを以て、今回出京し、筆の穂長さ六尺余、直径一尺五寸、目方五貫匁《もんめ》、墨汁一斗を含む大筆を高木寿穎氏に註文したりという。この筆、墨を含みたるときの重量は九貫九百匁にして、製造費の価一百余円なる由」——（読売新聞）

58 役場の掲示場へ芸者の妊娠が掲示される

【明治二十七年一月】

当時、東京府下内藤新宿の芸妓屋組合では、芸妓取締規律なるものを設けて、芸妓各自の品位を堅く慎む約束になっていた。ところが、同新宿の芸妓蔦家お信（二五）というのが、ある客の種を宿して、この頃は袖にも余る風情になったため、同業者たちは、いたく彼女の規約違反の行為に激昂していた。

すると突然、同所町役場の掲示場へ、筆太に次のような掲示を貼り出した者があった。何者かの悪戯《いたずら》であることはもちろんであったが、その掲示の文句たる奇抜を極めたもので、いたく猟奇的民衆の大評判となったものであったという。江戸趣味のぬけきらぬ奇聞である。

「府下南豊島郡内藤新宿二丁目五十二番地
芸妓蔦屋のぶこと　佐　藤　の　ぶ
二十五年

右の者、初春早々ボテレンに相成り候につきて、数多き情夫ゆえに、どこの何某の胤《たね》とも判然せず、はなはだ処分に差し支え候。お心当たりの粋様《すいさま》は来たる二月五日までに蔦屋までお申し出でこれありたく候うこと。

明治二十七年一月二十七日

新　宿　粋　役　場」

——〈読売新聞〉

59　待合で洪水騒ぎを演じた艶色寝小便芸者

【明治二十七年七月】

当時「麁相《そそう》唄い女」と題して、新聞に載せられていた艶色奇談であるが、すこぶる振るった話であるのに、その記事が興味ある名文であるから、次にその全文を掲げてみよう。

「楚《そ》宮に入るべき柳の腰さもしなやかに見ゆれども、眠れば麁相《そそう》するという病いあり、いとしや禹《う》〔古代中国の聖王〕を頼むともこの水は治め難《かた》かるべしと思うは、麴町区〔千代田区〕富士見町の唄い女屋寿々村家の抱えはま子（一七）という唄い女のことなり。この妓、去年の三月中、一度赤坂溜池の紋勝《もんかつみ》見に抱えられ、姉さんお今の薫陶を受け、同十一月より一平と名乗って御手富貴《おてふき》を配ったが、何の因果か蒲団の上の石清水弓矢八幡にも見放されたとみえて、麁相すること一度や二度にとどまらず、寝冷えするのが悪いのだと、腰にフランネルを巻かれたり、あられもない大妙薬を立てつづけに飲まされたり、新聞の広告中売薬の挿画に小僧が夜具を背負わされて泣いているのを見るにつけ、身につまされて袖を絞り、深くも恥じたところから、少しは病気も遠ざかりヤレ嬉しやと思う間もなく、先月はじめ田町の待合明石屋で四ツ谷のお馴染客桜井某（三五）という粋様《すいさま》に盛り潰され、客の帰るのも知らずして座敷へ倒れているうちに、ソリャ出水だと蚤蚊《のみか》ども竹法螺《たけぼら》を吹く、早鐘を撞く上を下への大騒ぎ、この水天井を伝わって延喜棚に滝を落とせば、叶福助《かのうふくすけ》が荒行に凄味の無きこと大方ならず、またありあわす踏み台は大薩摩の三味線ひきが臭気に驚いて逃げるとき捨て置きたるかと思われけり。このことついに紋勝見の耳に入りしかば、主人は面目玉を踏みつぶし、安積《あさか》の沼の紋勝見かつ見るたびに却をそうし紋散らしの提灯に波と水玉を書くような不始末をしでかすこともちろんなれば、今のうちに放逐する方がよかろうと、浅草田原町の親許《もと》へ追放されたが、当人はなお泥水の味が忘れられず、今度こそは気をつけて、決して取りはずさぬ誓言に、親も余儀なく承知して、前記富士見町の寿々村家へ住み込ませ、名をもはま子と改めさせたは、ツイこのほどのことなりし、しかるに同家の花助が、まだ馴染みの薄いこととて、折々はま子の容子を見るに、得ならぬ匂い寝床に薫るのみか、自分で夜具を日にさらし、何やらソワソワする有様は、必定麁相するに違いないと、ある夜同じ抱えの姫松を一緒に寝かしたところ、沢辺《さわべ》の真菰《まこも》水超えて、いずれ菖蒲《しょうぶ》と引きぞわずらう。両女はしとど漏れているので、その騒ぎ並々ならず、水よく船底枕を覆えし、なお蒲団を揚げ蚊帳《かや》を引きのけ、大変大変と叫ぶ声に、再び秘事のあらわれしかば、花助は眉をしかめ、たとえ自宅なればこそよけれ、お座敷などでやられては取り返しがつかぬゆえ、昼飯後は湯水一滴のんではならぬと命じられたが、金をもとかすこの暑さに、咽喉《のど》を濡らさずにはいられぬとみえ、二三日前、同町の待合花月のお座敷で禁を破り、甘露甘露と舌打ちしてたらふく湯茶を飲んだゆえ、その夜もまた取りはずし、魂棚《たまだな》の料《はやし》にあてし胡瓜《きゅうり》の馬の乗り切りに、逆巻く水勢恐ろしかりしかば、花助いよいよ呆れ果てて、こんど麁相があったら阿呆ばらい申し付けると、さんざんに油を取ったというが、さりとは姫御前の身で悲しい病《わずら》い、いかな痴者《しれもの》でもこの水の話を聞いては、楽しむ訳にもまいるまい。」――(東京朝日新聞)

60　日清戦争気分と奇抜なはやりもの種々相

【明治二十七年十月】

〽日清談判破裂して、品川乗り出す吾妻艦……の流行唄《はやりうた》を皮切りとして、世はこぞって戦争気分、まことに国を挙げての一大国難に対する異常な昂奮にかられたのであった。しかも、皇軍連戦連勝の報に接しては、国を挙げての喜び、万歳万歳の声は街々にみなぎりあふれた。そして観る物も、持つ物も、食べる物も、すべて戦争を表象したものでなければすまなくなった。いま次に、当時の新聞記事にあらわれた、奇抜な戦時流行品の一面を示してみることにする。見出しは「戦争に伴える流行」というのであった。

「日清交戦に関係するものを仕組みて、商業上に商利を得んと企てるもの、この節すこぶる多く、その種類を生け捕れば、まず劇場は山口一座を最初として大小各劇場とも日清事件を取り組み、煙草には金鵄《きんし》勲章、凱旋煙草、無敵煙草あり、婦女子の髪飾りには、勝利掛け、名誉掛けという根掛け類、その他小間物類あり、織物には、伊勢清の日清戦争大勝利図の友染あり、なお同家にては、勝利織というを注文中とのこと。食物には、神泉亭の乗捕汁、凱旋煮など大評判、その他菓子には支那微塵あり、石鹸には大勝利というあり、諸興行の見世物には日清事件の人形または油絵などあり、各玩弄店には玩弄人形旗等、それに関係の品ありて売れ行きよろし、上野の日本絵、油絵の展覧会にも日清事件の絵画、またはこれに類する絵、またはこれに類する彫刻物多し、婦人の帯留には勝利締めというあり、府下読売歌には日清事件読み込みの「スチャラカチャン」歌流行し、アームストン曲馬も、日清事件を取り仕組みて大当たり、先頃渡りしダーク操り人形も、これを仕組みて落ちを取りし等、枚挙に暇《いとま》あらず、なおこの先、種々趣向を凝らすものあらわれ出ずるならん」――(東京日日新聞)

61　戦線の直前を馳駆《ちく》する赤帽騎兵隊の奇異

【明治二十七年秋】

戦場における不思議な怪奇。それは、ただの幽霊話として聞き去るには、あまりに尊い神秘がふくまれている。そして、事実、眼に見、耳に聞いた多くの奇異なる実験談が伝えられているのである。

『肉弾』や『銃後』の著者として有名であり、日露の実戦に参加して苦闘された、陸軍少将桜井忠温《ただよし》〔一八七九―一九六五〕閣下も、その怪奇の事実を、実話としてその筆にのせられている。戦史の陰に存在する、それら怪奇の事実を、私たちは見逃すことができないであろう。

＊　　＊　　＊　　＊

ここに記す一奇話は、筆者の妻の父である、亡き田中岩次郎が、事実、日清役に一兵卒として参加の際、その眼に見、耳に聞いた、戦場における奇異の実話とし語ったところのものである。

筆者も、多くの戦場における怪奇な物語を耳にしているが、これは最も出所の明らかなものとして、ここに記す次第である。――ただ遺憾なことは、当時その話をただちに記録しておかなかったため、戦線の場所、月日等を正確に記しえないことであるが、この話には、別にその必要もないことのように思われる。

明治二十七八年、日清の戦役当時は、日本も現在のように、すべての軍備が完備していなかった。したがって、戦線へ送る食糧弾薬の運搬も、非常に不完全なもので、第一線に進んでいる将卒は、ときに三日も四日も、まるで食事を摂ることができない状態におかれることも、しばしばであった。――それは、今でも、満洲の曠野に活躍する戦士は、そうであるが。

したがって、最前線にある将卒は、疲れと饑《う》えのため、ほとんど、戦う力の失われるまで、疲弊していたという。

敵前に銃声のひびく、そのなかで銃をとりながら、コンコンと眠りに陥るものも、珍らしくなかった。そして眠りながら死んでいったものも、決して少なくはなかったという。

田中一等卒なども、やはり、ともすると眠りにおそわれて、困難した一人であった。生命を超越した、眠りであった。

敵が撃ち出す弾丸は、雨のように降りそそいでくる。それに対抗して、わが軍も猛烈に応戦している。そのなかで、ともすると眠りに陥るのである。

と、そうしたとき、ハッと眠りからさめて、前方を眺めたとき、突如、わが銃火を開いている直前を、数十騎の騎馬隊が、右に左に馳駆《ちく》する姿を見るのであった。それは、むろん敵兵ではなかった。しかし、また味方の騎兵でも、あるべきはずはなかった。――赤い帽子をかぶっていたという。――味方の兵士が、そんな味方の発射している銃火の直前を、横に走って行くはずはないのである。

しかし、その怪しい騎馬隊は、右に左に縦横無尽に馳駆するのである。

この不思議な、銃火の前にあらわれる騎馬隊の姿は、決して、田中一等卒一人の眼にうつるものではなかった。他の戦友も、等しく見て、不思議に思うのであった。またそれは、一度や二度の戦場だけではなかった。その怪奇は、数度の戦場において、激戦に入るとしばしば眺められることであったのである。

「一体、あの騎馬隊は、なんだろう」

そうした疑問は、人々の口にのぼった。――はじめは、味方の騎兵隊かとも思って、調べてもみたが、その際、味方の騎兵の活動は他の方面にあって、その激戦に現わるべきはずはなかった。

「日本は神国だ……あの騎馬隊は、きっと神様がわが軍を守護されるために、ああして姿をあらわされるに違いない」

そうした噂が立ち、人々はそれを信じるようになった。それが、どんなに日本軍に強い信念を植えつけたことであろう。そして、その奇怪な騎馬隊の姿を見るときに、一種のいうべからざる、心強さと力強さを与えられるのであったという。
また時には、激戦の空に、幾百とも数しれぬ白鳩が飛び交い、羽ばたきが聞こえたこともあったといわれる。——その当時、軍用鳩の活躍は現代の如くなかった頃であるから、もちろんそうたくさんの鳥の羽ばたきを耳にする原因はなかった訳である。これも戦場における、不思議な神秘であり、奇蹟であった。——(蒐集記録)

62　幽霊話のような吝嗇漢の妻にまつわる奇譚

【明治二十九年八月】

昔、江戸本郷切通し坂上の猿屋という飴屋へ、毎夜のように更《ふ》けてから飴をもとめに来るやつれ果てた年増女があった。様子が怪しいので、ある夜小僧に跡をつけてやると、とある寺の墓地で姿が見えなくなった。だんだん調べてみると、それは嬰児をのこして死んだ女が、その子の愛しさから、毎夜、幽霊となって飴を買いにあらわれたのであったということがわかった。また、両国近くの薬種屋へ、毎夜更けてから子供が万金膏を買いに来た、やはり様子が怪しいので、ある夜その跡をつけて行くと、とある河岸の石垣のわきで姿が消えてしまった。明日その石垣のあたりを調べると、石垣の穴のなかに、一匹の川獺《かわうそ》が死んでいて、その身体にはいっぱい膏薬がはりつけてあり、わきにはその子供らしい川獺が悲しそうに看護していた、というような話もある。その他、狐や狸についても、それに類した怪話はたくさん伝わっているが、次の新聞記事は、そんな幽霊話や怪談を思わせるような、奇怪にも哀れな事実なのである。

「哀れなるもおかしきも、人様々の世の中に、さりとは、合点の行かぬことこそありけれ、小石川区水道町〔文京区水道〕に麵麭《パン》あきなえる何某の店に、ある日、身装賤しからぬ一人の婦人来たり。物買う風情にもあらねど、小僧は見て何の御用かと尋ぬれば、ちょっと御主人にお目にかかりたしと。声聞きつけて主人奥より出で用向きを問えば、女は少しはにかみたる風情にて、すぐには言いかねたる体なりしが、ややありて誠におかしなことをお頼みに参りましたが、家には仔細ありて小遣いに不自由いたしおれば、金銭の代わりに米を差し上げますれば、その価だけの菓子麵《パ》麭《ン》を頂くわけにはまいりますまいかと、折入っての頼みは、開業以来ない図の相談。主人もしばし返答に困りしが、これも一風変わりし男にて、神代の昔ならいざしらず、開けし今の世の中に物と物との換えごとは面白き商売もあるものかなと、さて婦人に向かい、その米といわるるは何ほどばかりでございまするか、いささかのことなればお換え申して苦しゅうございませぬと、親切な言葉に、婦人は喜び、それではときどき白米一合ほどずつ持って参じますれば、御面倒ながらよろしくお願い申しまするると、店を立ち帰りしが、これよりその如く白米を一合ずつ風呂敷に入れて持ち来たり、菓子麵麭《パン》いくつかと取りかえ行くことたび重なりしが、さて不審の一つは、婦人の身装格好あまり賤しからぬを見ても、中以上の生活をなす人の内儀と思わるるに、小遣いがなしと米の取り換え、なにぶん腑に落ちざることなりと、種々疑いを起こして婦人の身分を噂しおりしが、その次には重箱につめたるものを持ち来たり、米の代わりに今日はこれにてお取り換え願いますと、風呂敷をといて蓋を開けるを見れば、野菜の漬物なるに、さすがの主人もこれには閉口し、さてさて妙な物をお持ちになりました、米なればこそ金銭の代わりにしたと昔の話も聞きおれば、お取り換えいたせしものを、菜漬と申しては宅にも食べきれぬほどありて、近辺へもやろうかと致しおるところ、その上に頂いては捨てるよりほかはございませぬ、ああおついでの節でよろしゅうございますれば、お米で願いとうございますと、麵麭《パン》だけは例のとおり与えて菜漬はそのまま押し返したり。

いよいよ出でていよいよ怪しき婦人の挙動は、もしや伝通院に年古く住むと聞く、白狐の仕業にはあらぬかと、これまで持ち来たりし米を改めて見しも、別に砂利とも変わらねば、やっと人間には違いなし。さるにてもいかなる素性の人ならんと、ある日、窃《ひそ》かにその後について行けば、ほど遠からぬ同じ町に恥ずかしからぬ住居ありて、婦人はその家に入りたり。

主人は婦人の入りし後にて、なおよくその門札を見れば、何の某と男主人の名の記しあるに、ますます合点に落ちぬ頸《くび》をひねりつつ家に帰りて、人々にも云々の次第を語り、だんだん内の様子を尋ぬれば、夫婦のほかに子供もありて、なに不自由なき一家の生計なれど、主人は世にも稀なる倹約家にて、金銭の出納は、味噌醤油さては屑の払いに至るまで、一切これを管理して、金といえば鐚《びた》一文も細君に托《あず》けず、とりわけ子供の食物ほど無駄なる費用はなしとて、三文駄菓子さえ買い与えぬより、子供は食物を欲しがりて、日々母親の袂《たもと》にすがり泣き叫ぶにぞ、女親の心はさすがに堪えがたく、良人《おっと》に訴《うった》うれば「飯でも食わせておけ」と取り合わぬ無情の仕打ち、如何《いかん》ともせんすべなく、そのたびごとに叱りつ懲らしつして、心ならずも邪見なる目にあわせおきしが、毎日のことなるに今は見るにも見かねて種々思案の末、一策を案じ恥を忍んで麵麭《パン》屋に至り、かくは無理なる相談に及びしなりとわかり、聞く人哀れの涙に咽《むせ》ばぬはなかりしとぞ」――（読売新聞）

63　惨死した土工の幽霊が写真の乾板に撮《うつ》る

【明治三十一年十月】

その年の春、北海道旭川近くの、中別川鉄橋工事のさいであった。工事に使用するコンクリートは、トロッコによって一哩《マイル》も離れた所から運んでいたが、ある日、そのうちの一台のトロッコが、どうしたか途中から行方不明になって、その一台についいている六人の土工は再び姿を見せなかった。

そこで、早速工事の事務所へ報告したので、土工監督の者たちが、その通路を取り調べていったが、その結果、その一組の土工六人は、トロッコをコンクリートの枠のなかへ投げ捨てて、いずれへか逃走してしまったということであった。

「野郎たちは、ずらかりやがったんだ」

監督はそういって、人々に語っていた。そして、その事件はそのまま、うやむやに葬られてしまった。

十月になって、いよいよ鉄橋工事は竣成《しゅんせい》したので、その中旬、開通式が挙行されることになった。それで、写真屋の某というのが、この新設の鉄橋を撮影するため出かけてゆき、鉄橋をカメラにおさめてきたが、帰宅して現像にかかってみると、どうも充分はっきりと撮《うつ》っていず、妙に薄ぼんやりとしているのであった。

「あんなに光線もよかったのに、どうしてはっきり撮らなかったのだろう」

と、不思議に思いながら、その乾板を取りあげて、赤い電灯にすかして見たが、思わず「あっ」と叫んで身を震わした。

奇怪にも、その乾板には、薄ぼんやりと撮った鉄橋の前に、これも薄ぼんやりと撮っているのは、たしかに土工姿をした六人の男であった。

あまりの奇怪さに、写真師は顔色をかえながら、その乾板を持って警察へ届け出でた。――そこで、この噂は新聞種となり、いろいろ誇張されて報道されたが、結局、その年の春、土工六人行方不明事件は、事実は逃走したのではなく、誤ってコンクリートの枠へ墜落惨死したのを、監督たちが、それを知りつつ工事を進めて、逃走したようにいいふらしていたのだということが暴露された。

奇蹟的にも写真の乾板にあらわれた六人の男は、そのとき惨死した土工たちの残された怨恨の姿であったのである。

一方警察でも、この奇怪な写真によって、ただちに当時工事を請け負っていた××組の現場監督を取り調べた結果、はたして当時六人が惨死したことを知っていたが、どうせ助からぬものなので、そのまま暗《やみ》に葬ってしまい、彼らが逃走したもののようにいいふらしたことを自白したのであった。

ここに事件は、札幌の裁判所へ回されたが、公判になってから、監督が前の自白をひるがえして、

「惨死の事実を知らなかった」と主張したので、奇怪なその写真一枚ではどうにもならず、結局、証拠不充分として無罪となったということであるが、とにかく奇怪な事実として、当時評判になったのである。――（蒐集記録）

64　女房を荒縄で縛り箱詰めにして実家へ返す

【明治三十二年八月】

夫婦喧嘩が嵩じた結果として、殺傷に及ぶという事件も、決して少なくはないが、喧嘩のはて女房を実家へ送り返すのに、箱詰め釘づけにしたうえ、人夫にかつがせてやったなどは、まず前代未聞の夫婦喧嘩奇談といえよう。ここに、その新聞記事の全文を掲げてみる。

「夏の牡丹餅《ぼたもち》と何とやら、犬も喰わずというとかや、尋常の嫉妬争いも時にとっては興あるべけれど、これは余りというべし。本郷湯島天神町一の八十九〔文京区湯島二・三丁目〕、三露竹次郎（三四）、同キン（三四）という夫婦あり。両人が中にはタマ（四つ）という子もあるに、なにが不足か二日にあげず口論をなして、近所合壁もまたかと知らぬ顔に過ごしけるが、二十三日夜も例の喧嘩起こりて理非いずれとも分かたねども、竹次郎はキンを捕らえて猿轡《さるぐつわ》を嵌《は》め、荒縄にてくくし上げ、有り合う大箱に詰めて釘付けにし、人足を頼みてキンの実家なる湯島新花町五十六〔湯島二丁目〕、林行信方に遣わしたり。人足は運搬の途次、この人の箱を舁《か》いで妻恋坂の派出所前を通りかかりしが、見張りの巡査心得ずと、箱の中を覗き、さらに蓋押し開けば、右の始末なるに、ただちに竹次郎を本署に喚び出し種々説諭をなしたりと」――（国

民新聞）

65　大岡政談にありそうな珍妙奇抜な猫裁判

【明治三十四年一月】

東京日本橋区上槇町（中央区八重洲一丁目、日本橋三丁目）の医師平野治方の書生竹森藤一郎（一九）は、その前年の冬、本郷順天堂付近の下宿を引きはらって、平野医師方へ来たのであったが、その移転の際、竹森は、飼っていたマルと呼ぶ赤白斑《まだら》の牝猫を連れて行こうとしたが、あいにくその猫はどこへ行ったか姿を見せないので、余儀なくそのまま打ち捨てて引き移ってしまったのである。

しかし何分永いこと愛していた猫なので、どうも気になって堪まらず、三日、年始回りに出たついでに愛猫を探そうと、本郷の以前住んでいた家の付近を、あちこち歩きまわっているうち、湯島新花町の理髪業前田源五郎方の門口で、愛猫マルが日向ぼっこをしているのを発見したので、竹森は大いに喜び、「マル、マル」と呼ぶと、猫も嬉しそうにチョコチョコ駈けよってきたので、すぐ抱き上げて、その場を立ち去ろうとすると、折からその理髪店の女房はるというのが飛び出してきて、

「もしもし、お前さん、わたしのうちの猫を、なんだって連れて行くんだい」

と怒鳴りつけたので、竹森は、

「これは僕の猫だ。自分の猫を自分が連れて行くのに、不思議はないじゃないか」

と一本きめつけたが、はるもなかなか黙っていず、

「これは、わたしの秘蔵猫ですよ」

といい張り、はては、

「猫盗棒《どろぼう》、猫盗棒」

と口ぎたなく罵りだしたので、竹森も思わずカッとなり、

「無礼なことをいうなっ」

と叫ぶとともに、いきなり鉄拳をふるってはるを殴りつけたので、はるはますますたけり立ち、はては泣き声を出して食ってかかる始末に、見物人は山のように群れ集まる有様となったので、同町交番の巡査が馳せつけ、ひとまず竹森とはるを、猫もろとも本郷警察署へ連行した。

かくて係官が取り調べたが、両者とも「私の猫だ」と主張し、一歩も譲らないので、さすがの警官もその判別に苦しんだが、遂に大岡越前守の古智にならって、一策を案じ出し、両者に代わり代わりその猫の名を呼ばさせ、それによって、最もよくなついていると思われる者を、真の飼主と定めることに決定した。

そこで、両人にもその旨をいいふくめ、両人も喜んで承諾したので、まず最初に、はるが立ち現われて、呼んでみることになり、

「赤来い、赤来い」

と呼んだが、猫はニャンともいわず、知らぬふりをしている。それと見た竹森は、大いに気強くなり、代わってその場に出て、

「マル、マル」

と呼ぶと、猫は、さも嬉しそうに、竹森の足もとへすり寄ってきたので、警官は、竹森こそ真の飼主であると認定した。しかし、なお一応真偽を確かめるため、両人に向かって、その猫の年齢を尋ねた上、獣医師をして鑑定させたところ、はるが四歳と申し立てたのより、竹森が六歳と申し立てたのが、医師の鑑定と符合しているので、ここにいよいよはるはその資格を失い、猫はめでたく竹森へ下げ渡されることになったという。――（読売新聞）

66　奇々怪々な黒焼剤にまつわる生首売買事件

【明治三十五年二月】

「生首売買事件、東京に起こらんとす」という新聞の記事で、当時の社会にかなりの大きな衝動をあたえた怪事件があった。次に当時の新聞記事を抜粋採録してみよう。

「古来、薬品として人体の一部を黒焼として、霊天蓋、人胆、天粉、天末、人油などと称して売買せられ、かの死刑に処せられしものの頭顱《とうろ》の如きは、多くこれらの

原料として公売せられたりしが、維新後に至り、

弁官達　明治三年四月十五日、従来刑余ノ骸ヲ以テ刀剣ノ利鈍ヲ試来候右ハ残酷ノ事ニ候間厳禁取締可致其他人胆或ハ霊天蓋陰茎等密売致ス哉ニ候処其効果無之事ニ付是又厳禁取締可致事

の禁令を発布して禁止せられたるにかかわらず、これらの薬品は依然売買せられつつあり。日清戦争の際の如きは、人夫にしてかの地にてこれを製造し、或いは人胆で帰朝後巨利を得たるものありと伝えられ、今日においても薬種店に天蓋または人油として売買せらるるは、その原料はたして人体を用いつつあるか、或いは獣類を以て原料となしつつあるか、疑問に属しおりしが、過般、大阪市において生首売買の事実が発見せられしより、余波はたちまち越中富山に及ぼし、反魂丹本家として有名なる同地×××町の薬店××清兵衛は家宅探索を受け、九個の天印を発見せられたるが、調査により買い入れ先は大阪及び名古屋を重《おも》なる地とし、東京より買い入るることを確かめたり。これより先警視庁においても、疾《はや》くよりこの事件に注目し、橋爪第一課長は機敏なる探偵数名を指揮し、密かに府下二、三の薬店につき探索しつつありしが、越中富山の××舗と本支店の関係もあることとて、日本橋通×丁目××商店の如きは、殊《こと》に注目せられ、遂に一昨日（二十一日）に至り同家の調査に着手することとなりたり。されど、もとよりその筋にても厳重に秘密となし探

索進行中なれば……云々、下略」――(東京日日新聞)

かくて、日本橋××薬舗支店も、厳重な取り調べを受けたが、別に天蓋その他の証拠物件はあがらず、ただそれらの仕入れをしたことのある事実は判明したという。なおつづいて、警視庁は調査を進めた結果、種々の驚くべき事実を発見、天粉、天末、天砕、人油、天石等の死体を原料として製造した薬品が、東京市中到るところの薬店で販売されていることも判明したが、全形としてではなく、細末として販売しているので、はたしてそれが人の生首から製造されたかは判明に苦しむ由であった。なおまた、製造所は、大阪が主で、名古屋がこれに次ぎ、東京にも製造するところが少なくないといわれた。それについて火葬場が最も危険とされ、

「東京における天砕、天石の類は、多く火葬場より得るところのものにして、これらは天蓋の如く高価ならざるも、相当の価あり。引き取り人なき屍体の頭部はすべてこの材料に供せらるるものの如く、人油は火葬の際、青竹を死体に挿し込み、その焼滴を取るものにして、火葬の産物として販売せらるるは事実なり」――(東京日日新聞)

この間、模造人類として、犬、鹿、豚、猿なども、相当売買されているとのことであった。

とにかくこの生首が、売買されたことは事実で、奇怪なる事件として、当時異常な

衝撃を与えたものであるとともに、当局でも厳重な取り締まりを行なうようになったが、なおその需要はなかなか絶えないとのことであった。

67　祈願中に失せた提灯《ちょうちん》が戦地の良人《おっと》を救う

【明治三十七年秋】

日露の戦役、旅順攻囲にわが軍が主力をそそいでいた頃のことであった。

岐阜県土岐郡多治見〔多治見市〕からほど遠からぬある村から出征した兵士某というものの妻は、毎夜良人《おっと》の無事凱旋を祈願するため、鎮守神社への日参をかかさずしていた。ある夜、ひどい暴風雨で、しのつく雨とともに、烈風が吹き荒《すさ》んでいたので、家人や近所の人たちも、しきりととめたが、その妻は、良人を思う一心から、傘もささず、簑笠《みのがさ》で身をつつむと、定紋《じょうもん》のしるしのついた、丸提灯《ちょうちん》をともし、それを袖でかこって、風雨の吹きすさむ闇の夜道を、わずかに足もとをてらしながら、夢中で鎮守の社《やしろ》へ赴いたのであった。

ようやく神社へたどりついて、まず提灯を神前の狐格子に吊りかけ、自身は、その前の板敷に端坐すると、一生懸命、良人の武運長久、無事凱旋の祈願を捧げていたのであった。

しばらくして、ようやく祈願を終え、ふと気がつくと、いつか提灯の灯はきえて、あたりはあやめもわかぬ闇になっていた。

驚いたその妻は、急いで提灯に灯《ひ》をつけようと思って、さっき吊りかけておいた狐格子のあたりをかき探したが、不思議や、提灯はどこへいったか影さえ見えないのであった。――しかし、この嵐の夜で、人影一つなく、また格子へしっかりと吊りかけておいたので、それが飛んで行くはずもなく、またそんな物音もしなかったのである。――妻は、一心に、その付近を手さぐりながら、くまなく探しまわったが、奇怪にも、その提灯は見当たらないのであった。

どうしても探し出すことができないので、しばらくは途方にくれたが、今はどうすることもできないので、余儀なく、不審ながらもそのままにして、また風雨の闇の道を、一歩一歩さぐるようにしながら、ようやくわが家へと帰ったのであった。――その夜は、その奇怪な出来事が不審であり、かつ不安でたまらなかったので、なにとなく胸さわぎがして、安眠もできず、うつらうつらと夜を明かし、翌朝早速、また鎮守の社へ行ってみたが、やはり提灯の姿はどこにも見出せなかった。

ちょうど、同じその夜。――旅順攻囲軍に加わって、戦地の某所にあった良人は、その夜、隊から選抜された斥候《せっこう》隊に加わり、戦友十数名とともに敵陣地の偵察に赴いたのであった。

やがて、隊長指揮のもとに、敵陣地深く潜入したが、不幸にも、敵の歩哨に発見され、ただちに発砲を受け、優勢な敵兵の追撃を受けるに至った。

一隊は、本隊への報告任務があるので、闇夜を幸い、数班にわかれ、極力敵の眼をのがれて、必死の遁走を企て、一意本隊の所在地めがけて走ったのであった。

かの妻の良人某も、二名の戦友とともに敵の追撃を後ろに、一生懸命走ったが、なにしろ真っ暗な闇の夜ではあり、道不案内の土地であるから、思うように走ることができず、こけつまろびつするうち、ますます追撃の銃声は迫ってくるのであった。

そのうち、先へ走っていた一人の戦友が「あっ」という叫びを上げたと思ったが、同時に三人は、沼地のなかへ飛び込んでしまったのであった。

「ええ、この池を渡って行け」とばかり、猛然、向こうの岸へと、突進しようとしたとき、

「駄目ぞっ、鉄条網がはってあるぞ」

と一人が叫んだ。——あやめもわかぬ闇のなかで、池中の鉄条網をぬけて行くことは、とても不可能なことであった。それに、ぐずぐずしていれば、すぐ追い迫ってくる敵兵に捕らえられるか、殺されてしまうのである。

前には、闇のなかの池と鉄条網、後ろには追い迫る多数の敵兵——三人は、もはや絶体絶命に陥ってしまった。

「もう最後だ……かなわぬまでも、腕のつづくかぎり斬りあって、露兵と刺し違えて

死のう」そう、一人は叫んだ。

そのとき、不思議にも、暗澹たる闇のなかに、ボーッと一条の灯の光がさしそめたのであった。

「ああ、灯だ……見えるぞ、鉄条網が」

良人某は叫んだ。

見える、確かに見えるのである。──それが、なんによる灯であるのか、誰も考えてみるものもなかった。三人は夢中で、その某を先登《せんとう》に、その不思議な灯にうつし出される淡い光で、池のなかに張り渡された鉄条網の隙間を、もぐり抜け潜りぬけて、ようやく向こう岸へ渡りきることができたのであった。

淡い灯の光は、いつも、彼らの前方の闇をてらしつづけてくれた。

三人は、その灯に誘われるように、夢中で走った。そして、幾時間ののち、ようやく本隊へ帰ることができたのであった。

仮営舎の入口に達したとき、良人某は、ふとその入口のところに、提灯がともっているのを眺めた。同時に、

「おやっ」と叫ばずにはいられなかった。──その提灯に、ありありと黒くあらわれていた紋所は、まさにその某の家の定紋だったからである。

しかし、報告を急ぐ三人は、そのまま営舎に入ると、隊長の前へ出て、一切の偵察

報告をなしたのであった。

その後、闇をてらして、人々を危急から救ってくれた、不思議な灯の光は、三人にとって奇怪な謎として残された。そして、営舎門前の丸提灯、その定紋。それは、いつまでも不思議な奇蹟として、三人の語り草になっていた。

翌年戦いが終わって、その良人某は無事凱旋した。そしてその不思議な救いの灯の話を、妻に物語ったとき、それが偶然にも、大暴風雨の闇夜に、鎮守の社へ日参に赴いた折、提灯の失せ去った不思議のあった日と、ちょうど時刻も同じであったことがわかった。

――この話は、親しくその妻が語った物語として、岐阜多治見の人から、筆者が聞いた話である。――(蒐集記録)

68　蟇《がま》と蛇と蛞蝓《なめくじ》調合の怪奇な避妊薬の流行

【明治三十九年五月】

丙午《ひのえうま》の年にあたるというので、奇妙な流行をみるに至った。迷信とはいえ、不気味な薬剤がはやったものではある。

「医学医術の進歩発達せる今日、しかも帝国の首都たる東京市中に、かかる迷信者あらんとは、じつに予想外のことなり。すなわち、当年は丙午というを以て、例の迷信より出産を懼《おそ》るる者多く、その呪《まじな》いには、蟇《がま》と縞蛇《しまへび》と蛞蝓《なめくじ》の三種を製薬調合して服すれば、懐胎せずと言いふらす者さえ出で来たりしかば、これらの虫類の値も騰貴を来たし、下谷万年町（台東区北上野一丁目、東上野四・五丁目）なる赤蛙屋の談によれば、蟇一匹五十銭、縞蛇一円より一円五十銭とは驚くべき高価ならずや。その他、赤蛙一匹五銭、蝮《まむし》一匹七、八十銭より一円の小売相場にて、純益少なくとも五割、より多きは十割、十五割に達し、蝮と縞蛇は、秩父産を主とし、その他は行徳（千葉県市川市）付近より捕らえ来たるものの由。もちろんそのなかには医科大学、理科大学より解剖用として買い上げる虫類も少なからずと、云々」――（東京日日新聞）

69　暴風雨で倒れかけた大樹が自然に起き直る

【明治四十年一月】

雑誌『文藝春秋』第七年第五号に、岡田建文氏が「現代の怪異の実録」と題して、種々超科学的の興味深い不思議現象の実例を記されている。ここに採録したのは、その一例である。

「滋賀県栗太《くりた》郡大宝村大字綣《へそ》（栗東市綣）に大宝神社なる郷社がある（素盞嗚尊を祀る）。明治三十九年十月二十八日の暴風雨で、境内にある高さ十間、幹囲五尺を超えた一本の大松が、約五十度の傾斜で倒れかかり、はなはだ危険な状態を呈した。

そこで、社掌や氏子たちで協議の結果、官許を得て、同村大字刈原の野村伊助なるものに払い下げ、翌年の一月六日に伐り倒させることに予定されていた。すると伐採の前日の夜のこと、社掌の足助《あすけ》貞氏が寝ての夢に、誰人《だれ》とは判明《はっきり》しないが、一人の人が倒れかかった松を、もとの如くに起こすから伐るなと告げたと見た。どうも尋常の雑夢とは違ったようであったので、朝早く起きて境内へ出てみると、前日の晩方にも見た、例の倒れかかっていた大松が奇怪千万、元の如く垂直に起き直っており、地上に浮き上がっていた多くの根もことごとく元の地中へ納まっているので、前夜の夢は、まさしく神のお告げなるものと感激した。

この報ひとたび伝わるや、所轄の警察署からも、郡役所からも実地検査に来たり、村民はもちろん、付近の町村からもおびただしく現場に駈け付けて、驚駭《きょうがい》せぬものはなく、平素無信仰者であったものもたちまち敬神家となり、神威を畏れぬはなかった。右の大松の起《た》った夜は無風な静夜であったが、一つの音響も発せず、ひとりで元の縄を用いず、また一挺の機具も使わずに、数千貫の重みある立木が、一筋の体容に復したのは、超人力、超物理であることを知るがよい。

いま一個の実例を紹介する。

下総《しもうさ》の銚子町〔銚子市〕の一里手前に、長塚の坂大師という大師の御堂がある。本尊は明治の初年に、土地の飯田庄右衛門という正直ものの農夫の夢枕に立って告げた結果、大雨中に無人の山中から掘り出された石像で、種々の霊験続出したため、信徒が蝟集《いしゅう》し高野山からは役僧が出張してきて、その管轄にするとて一《ひ》と騒ぎをしたほどのものである。

該大師堂は、当初は小丘陵の中腹にあったものだが、堂を頂上に遷《うつ》してくれという夢告が例の庄右衛門にあった。庄右衛門はじめ信徒は大変に困ってしまった。というのは、現在の御堂のあるところから、丘の頂にかけて一尺二、三寸回り程度の若松が隙間なく生えているから、堂を上げるには、それらの松を七、八十本も伐採して道を拓《ひら》かねばならぬからだ。みながこの問題に弱っていると、大師が庄右衛門に、心配するな、ただ皆で御堂を担ぎ上げるのだと告げた。

豪《えら》いお大師であるから、何とかなるだろうとの漠然たる考えで、その翌日、二十八人ばかりして七尺四面の御堂を肩に担ぎ上げた。そして松の木のなかへ盲滅法的に突進した。すると不思議、松の木がバタバタと左右へ倒れ靡《なび》いて道が開けた。この一大奇事にみな有頂天になり、エーエー声して夢中に頂上へ担ぎ上げたが、御堂が通ると倒れた松は片っ端から元の如く起き上がったという。同所に生き残った当時の担ぎ人は、そのときを懐想して、『アノときは真《まこと》に偉かったのう』と、今もそれらの老人連が会うと一つ話にしている。筆者は一昨年の冬、このお大師の堂へ初見参に詣り、いろんな珍事を聴き、また自分でも妙な奇蹟的な怪事に出っくわした。

……（略）」

と記していられるが、誠に興味ある実話としてここに載せた次第である。――（文藝春秋）

70　墓場から死人の首をもぎ取って売る怪婆

【明治四十年一月】

明治三十五年（一九〇二）に、生首売買事件として世を騒がした、大阪の人頭黒焼売りの奇怪事があったが、ここにまた、憎むべき悪徳を働いてその筋の縛についた老婆があらわれて、世間を驚倒せしめた。

茨城県多賀郡関南村《せきなみ》（北茨城市関南町）西久松の養母お竹（五四）は、七、八年前、福島県小名浜町（いわき市小名浜）に流れて来て、字古屋という所の獺寺《うそでら》に住み、そこの墓場の番人をしていたが、そのうち、ある人から人頭の黒焼が梅毒の妙薬になるから、ぜひこしらえてくれと頼まれ、深夜こわごわ墓場をあばき、死人の頭をもぎ取り黒焼の製造をはじめてから、とんだ金儲けのつるにありつき、悪婆はひとりほくそ笑んでいた。

こうして、その後も墓あばきをやって、人頭黒焼の製造をつづけていたが、奇怪にもその需要者は、小名浜町ばかりでなく、各地から続々注文があり、悪婆はますます金儲けに有頂天となり、その製造をつづけていたので、いつかその噂が警官の耳に入り、悪運つきて二十五日、遂に捕縛されるに至った。

警官は、悪婆逮捕とともに、その家宅探索を行なったが、同家の棚の上には、半ば腐りかかった生首が、累々として並べてあったのが発見された。

なお、同悪婆は、それを貰ったものであるとか、拾い物であるなどと、強情にいい張っていたそうであるが、当時、稀代な怪奇事件として人々を驚かした。――（東京日日新聞）

71　石の雨や三つ目小僧が出た王子砲兵工廠

【明治四十年五月】

明治三十九年（一九〇六）のこと、小石川（東京都文京区小石川）の砲兵工廠の一部である雷汞《らいこう》製作部が、王子滝ノ川村（北区滝野川）に移転した際、その敷地の一隅に小さな稲荷《いなり》の祠《ほこら》があったのを取り毀《こわ》し、ついで地ならしをした上、工場の建築にかかろうとした。

すると、そのころ製作所部長の某少佐の夫人が、ある夜の夢枕に、一匹の狐があらわれて、

「わが住家を荒らされ、祠をこわされた怨みは深いぞよ。汝が一族、一人のこらず取

り殺してくれん」

と、いうとみて眼がさめたが、それが一度ならず、二夜三夜とつづいた上、間もなく最愛の子二人までが、急病で死んだので、今は夢とばかりいっていられず、さすがに武き少佐も、少なからず恐れをなして、早速新たに祠を建て、移転式という名目で大祭を行なったので、一部の人々からは迷信少佐などと、嬉しからぬ異名をとったが、そののち年が変わった二月の頃、ある夜、こんどは少佐の夢枕に、怪しいものが立ちあらわれたので、「さては、またしても狐めがでおったか」と、じっとその姿をみつめると、これは狐ではないが親類筋の大狸であった。やがて、その狸は、じっと怖ろしい眼つきで少佐を睨《ね》めていたが、

「われこそ、この滝ノ川村に年久しく住みふりた古狸の五匹の一つである。汝、さきに狐の祠を一つ毀して、その祟りを恐れて祭りまでしながら、なぜ我を侮《あなど》るのじゃ。騒がしい工場を建ててわが老いの耳を驚かすばかりでなく、汝の手下の者どもは、わが老友を三匹まで撲殺し狸汁にいたしたとは、言語に絶えたる致し方じゃ。この怨み晴らさいでおくべきか……」

というと、姿は消えた。

この夢じらせに、再び驚かされた少佐は、早速狸汁一件の取り調べを開始したが、その調べも判明せぬうち、この砲兵工廠分工場には、奇怪なことが引き続いて起こり

出した。

ある夜には、石の雨が、盛んに降ってきた。またある夜には、大入道があらわれたり、三つ目小僧が姿を見せたりするので、一同の恐怖はその極に達し、はては移転問題まで持ち出す者が出るような騒ぎになった。

同時に狸汁の一件は、その後取り調べの結果、「実は四、五人の者が、ある日、鉄管の中に狸が寝ているのを見つけ、三匹を殺しました」と自首してきたものがあったので、さては夢枕の狸の申し条は事実であったかと、今さらのように怖れをなしたという。明治照代には珍らしい怪事件であった。――（東京日日新聞）

72　猫より大きな目方一貫余りある古寺の鼠

【明治四十年三月】

東京府下北多摩郡拝島村（東京都昭島市拝島町）の普明寺《ふみようじ》という寺は、四百年も前に建立された、有名な古寺であるが、明治四十年頃、その寺内の一部へ、拝島村役場を移転させることになった。

すると、不思議なことに、人気《ひとけ》のない本堂に夜な夜な出没する怪物があって、供物などのなくなることは珍らしくなかったが、これは鼬《いたち》などの仕業であろうと、そのまま捨てておいたが、そのうちある日のこと、役人の一人が昼間、仏前の供物を引いて行く、怪しい獣を見かけたので、よく眼をすえて見ると、それは古狸のような大きさで、毛は茶褐色で針の如く、目はギラギラ輝いている物凄いものであるが、まさしく鼠であった。しかしあまり不気味な大鼠なので、見た人間が怖くなって、逃げ出してしまった。

その話を聞いた、役場の若い連中が、

「それは面白い、一つ鼠狩りをしようじゃないか」

ということになって、まず村長を指揮官となし、役人全部と大工一人、人足四人を召集して、寺内全部を狩り立てた。天井裏まで這い上がって調べたが、そういう怪しい大鼠の姿は見出せないので、一同いささか失望の態であった。

すると、和田という収入係が、ふと本堂の北隅の梁《はり》の上に、太い尾のようなものが動いているのを見つけ、

「それ、あすこに怪しいものがいるぞっ」

と知らせたので、一同ふるい立ち、ただちにズックの袋を取り寄せて、逃げ道の穴を掩《おお》い、一方から叩き立てて追い落とし、ようやく生捕りにすることができた。そこで、早速金網の容器を造って、それに入れたが、その形は普通の猫よりも大きく、ちようど大兎ぐらいあって、目方は一貫三百匁《もんめ》もあり、尾の太さは人の拇指《おやゆび》ほどもあっ

た。そして、鼻先と下腹には銀色をした針のような白い毛が生え、牙と爪は見るからにおそろしいものであった。
当時これが大評判になって、付近から見物に来るものが、毎日たくさんあったという。――（東京日日新聞）

73　死人から脳漿や人油を絞る鬼の如き隠亡

【明治四十一年三月】

生首売買事件、墓あばきの悪婆と、相ついで怪奇の犯罪が起こって、人々を驚かしたが、ここにまた稀代の人鬼というべき、火葬場の隠亡があらわれたのであった。かくて隠亡に対する奇怪きわまりなき疑惑は、一層深められるに至った。

「三重県三重郡常盤村（四日市市ときわ）成永火葬場の隠亡が、死人の骨粉及び脂を採り、密売したる件あり。同火葬場は四日市にありて犯人なる同県志摩郡国府村（志摩市阿児町国府）大字国府二千五百六十一番地小林助五郎（六九）、同人実弟広松（六二）の両人は、七年前よりこの火葬場の隠亡に雇われ、爾来幾百とも数知れざる死人の衣類を剝ぎ取り、脳漿を抉《えぐ》り出して腸を採り、または骨粉を製し、万病に奇効ある霊薬なりと称し、同市河原町（四日市市川原町）万古《ばんこ》職長谷川くま（五一）の手を経て、人油一合五十銭ずつにて密売せしめたるが、迷信者多き世間のこととて、販路はなかなか広く、津市辺まで売買するようになりたれば、誰いうとなくこの風評高まり、遂に四日市署の耳に入りて、両人とも拘引となり、そのさい刑事が同人宅を探索して、人油入りの瓶二個、骨粉五袋を発見し、これを突きつけて糺問したるに、さすがの人鬼も包み切れず、逐一前記の罪状を自白せしが、驚くべし彼等は、他人にこれを密売するのみならず、自分らもいたくこれを嗜《たしな》み、右人油を飲まざればその日一日身体の具合悪しとて、常に小瓶を離さず、ときどき取り出して啜《すす》りおるとは、聞くさえ身の毛のよだつ話なり」――(東京日日新聞)

74 女学生の立小便を禁止した風紀振粛《しんしゆく》事件

【明治四十一年七月】

女学生に立小便を禁止したという珍事件は、当時女学生が立小便をしたという奇怪事を証拠立てる問題であろう。ただし、これは東京地方のことではない。福岡県下に起こった問題である。次に、当時の新聞記事を載せてみよう。

「福岡県にては女子師範、高等女学校、中等学校教育に従事する者、去る十四日福岡市に集会し、学生風紀の振粛《しんしゆく》に関し協議会を開きたるが、その協議事項中に

一、女学生の立小便を廃止するよう注意したきこと

一、学生(特に女学生)の牛肉店に出入することを否認す

の二項あり、これによれば、同地方の女学生は立小便をなし、牛肉店に出入りし盛んに牛飲馬食を試みている状思《さま》わるべく……云々」――（東京日日新聞）

75　接吻ずきの妻が良人《おっと》の舌を噛み切って自殺

【明治四十一年九月】

接吻ずきの女というと、なにかしら外国女を想像させられるが、これはまた狂的で、遂に熱愛の結果か良人《おっと》の舌を噛み切り、自分もまた舌を噛み切ったというのであるから、たしかに猟奇的珍事件である。

「神奈川県都筑郡都岡《つおか》村〔横浜市旭区都岡町〕川合番地不詳、鋳掛兼灸点業石井栄吉（三五）の妻まさき（三二）といえる女は、ヒステリー症にかかりし結果、非常に接吻を好むに至り、朝から晩まで暇さえあれば良人に接吻を迫り、二十二日午後三時頃、まさきは突然栄吉の舌を噛み切り、自分も自ら舌を噛み切りしが、栄吉は外聞を憚《はばか》りて秘密になし、最寄りの医師につきて治療中のところ、いつしか世間にもれて同地駐在巡査の耳に入り、二十三日午後三時半頃、所轄都岡警察署より巡査部長出張のうえ取り調べたるが、栄吉の舌尖に二枚の歯痕あり、全治まで二週間位を要する傷にて、まさきの方は約三分ばかり切れおりしが、まさきは警官の出張を見て急に恐れを懐き、職業用の塩酸をあおって自殺を遂げたりという」――（東京日日新聞）

76　二尺ほどの稲荷小祠が何百貫の重さになる

【明治四十二年頃】

江戸篇『日本猟奇史』に「深川八幡の祭礼の珍事と怪奇な前兆」と題して記したなかに、当日なぜか三社の神輿が急に重くなり、動かなくなったという奇瑞を書いたが、岡田氏の「現代の怪異の実録」にそれを裏書きするような実話が記されている。

「明治四十二年であったかと記憶する。内務省令で、全国の淫祠類や、基金のない無格社の合併を布達して励行させたことがあった。当時、松江の旧城内の練兵場の一隅にあった浮田稲荷社も右の合併令に捉えられて、同地の松平稲荷へ合祀の辞令をつきつけられ、二百七八十年住み慣れた場所を見棄てねばならぬ時節がきた。

その日のこと、七、八人の信徒が集まって、社殿の奥から、ご神体を納めた二尺ばかりの木造の小宮を引っ張り出し、台に載せて担ぎかけた。しかるに今まで軽かった小宮が、急に大磐石の如く、何千貫目かの重みに変わり、七、八人の体力ではどうすることもできない。そこでこれは稲荷神が出たくないのであろうということになり、同地の県社須衛都久《すえつく》神社の長岡社司を連れてきて祈禱をさせたところ、こんどはもとの軽みに回《かえ》り、両三人の肩でやすやすと松平稲荷へ舁《か》いで行かれた」

――（文藝春秋）

77　花咲爺と称し見料を酒で求める奇人卜者《ぼくしゃ》

【明治四十三年六月】

その頃、赤坂区新町〔東京都港区赤坂〕二丁目十五に、

なんでもござれ　花咲爺

と書いた看板を出している、奇人の筮卜者《ぜいぼくしゃ》があった。露路の突き当たりの古びた千本格子を開けて訪ねると、三尺に六尺の土間、その奥が六畳、右手の三畳には白髯を膝までたらした、六十あまりの老爺が、筮竹《ぜいちく》を前に机に向かって、端座している。そして、その後ろに貼り出してある規則のようなものが振るっていた。

一、一々礼はと問わるるが降参なり、爺は酒好きなれば見料は酒で欲しい

一、先せ人、失せ物などのちょっとしたものは酒二合

一、しかし、込み入ったことになるともう少しほしいな

一、縁談、身の上などは酒三合

一、けれども込み入ったものになると根が疲れるからもう少し飲ましてもらいたい

一、しかし、こうはいうものの持ち合わせの都合でどうでもよろしい

明治四十三年　　　　花　咲　爺

と書きつらねてある。なかなかの風変わり者であった。

縁の下をのぞくと、なるほど酒好きとうなずかせるように、一升徳利が七、八本もころがっていたという。

この奇人の花咲爺さんは、もと奥州出羽藩士の中島直清で、号を竹高といい、一時は南洋貿易を試みたがことごとく失敗し、去る二十八年〔一八九五〕日清戦役の折は従軍したが、そのとき兵站《へいたん》部軍医司令官森鷗外氏の知遇を受け、金州に滞在中、森氏が陣中で使用していた筮竹を貰いうけたのが、そもそも占いをはじめる動機であったという。――（東京日日新聞）

78 千里眼で騒がれた御船千鶴子《みふねちづこ》の透視実験

【明治四十三年九月】

千里眼として、俄然社会の注目するところとなった御船千鶴子《みふねちづこ》〔一八八六―一九一一〕は、上京後幾度かの実験を重ねたが、いよいよ十七日午前八時、その旅館である神田淡路町関根屋において、十一博士立ち会いのもとに、透視実験を行なうことになった。

当日は、主人側としては福来《ふくらい》〔友吉〕、今村〔新吉〕の両博士をはじめ千鶴子の実父御船秀益、義兄清原猛雄、井芹経平校長。また実験立ち会い者は、山川〔健一郎〕理学博士、丘〔浅次郎〕理学博士、田中館《たなかだて》〔愛橘〕理学博士、呉〔秀三〕医学博士、大沢〔謙二〕医学博士、入沢〔達吉〕医学博士、三宅〔秀〕医学博士、井上〔哲次郎〕文学博士、元良《もとら》〔勇次郎〕文学博士らの錚々《そうそう》たる諸博士に、高等師範学校教授後藤牧太氏も列席した。

　実験室は、旅館の三階十畳の間をこれにあて、千鶴子はここに正座し、井上博士は隣室で監視することとし、その隣の八畳と六畳を立ち会い諸博士の控え所、さらに六畳二間を各新聞記者の席とし、総員三十余名が隣席したわけであった。

　実験と方法は、まず井上、元良、丘、入沢、呉、山川の六博士と後藤教授は、七枚の名刺に一人ずつ、正永文、春山新、道徳天愚天鞘、東本村、上益成、松鶴君と認《したた》め、なおこれが覚え書きを認めたのち裏向きにして混ぜあわせ、その中から三宅博士が一枚を抽き取り、これを厚さ二、三糎《センチ》、直径九糎、高さ十二仙《ママ》〔糎?〕にて、内部を黒塗りにした円筒状の錫製の容器に入れ、さらにこれを十三糎四方、高さ十六糎、厚さ九糎の方形にて、内部ビロード張りの木箱に納め、平打《ひらうち》の紐で堅く結び、紐の端を半紙で巻き、これに認印を捺した上、なおひねり、それに薄糊をひいて容易に開くことのできないように、厳重に封緘して、それを千鶴子に透視させるということにしたのであった。

「かく厳封せるを山川博士が携えて行きて、千鶴子の手に渡し、井上博士は予定の如く隣室よりこれを監視し、物音立てては精神統一に妨げあらんと、各自息を殺して待つ間ほどなく、十分二十一秒にして、別室の千鶴子は透視しえたりと告げ、二つ折りの半紙に認めたるを見れば「道天レ徳」とありて、元良博士の出題なりしかば、同氏及び一同は奇異の思いをなし、前記諸博士立ち会いの上、封印を検《あらた》めたるに毫《ごう》も異状を認めず、さらに紙捻《こより》を解きて仔細に点検せしも、印はそのままにて封じ目にも変わりなく、千鶴子の透視は一点の疑いを挟むべき余地もなく、見事に的中したことなり」

なお二回目の透視実験を行なわんとしたが、当日、千鶴子は前夜から下痢を催して健康すぐれず、頭痛のため精神統一をなしえなかったので中止された。

実験後、博士らは一室に集まり、意見を交換したが、要するに千鶴子の透視は、もはや疑うべき点がないので、爾今、これが研究に入らんということに一致したとのことであった。——(東京日日新聞)

79　わが国で始めて発見された珍奇な完全屍臘

【明治四十五年六月】

明治四十三年(一九一〇)八月十一日夜、宮城県地方に起こった大洪水のため、同県玉造郡西大崎村(大崎市岩出山下野目他)山林中で働いていた、同加美郡宮崎村(加美町)字北川木挽《こびき》職尾形幸太郎(五三)は、山崩れにあって作業小屋もその土中に埋められ行方不明となり、爾来死体を探索したが、遂に発見することができなかった。

それから三年目の四十五年五月、その山崩れの復旧工事を起こすことになり、土砂を発掘中、はからずも二十八日のこと、前記幸太郎の屍体を土中から発見したが、変死後一年十ヶ月を経過しているにもかかわらず、全身が少しも腐爛していず、珍奇にも全く臘化しているので、その旨東北大学に通知した結果、同医学部の敷波重次郎教授がただちに臨検し、その事実を確かめたので、学術上重要の資料として、遺族と交渉して、その屍体を譲り受け、大学に送って研究に資することとなった。

当時、新聞記者が同大学に沢柳総長を訪ねたところ、総長の談として、「屍臘として過般東京に発見されたものは顔面の輪廓を欠き、処々肉落ちて骨が露出し、完全な屍臘ということができぬ。これに反し今度発見された屍臘は、頭髪脱落せず、眼鼻口一切が満足な形をして、日本国において始めてここから完全な屍臘を発見したもので、学術研究上絶好な資料を得るものである」と語られたという。

——(東京日日新聞)

大正篇

80　蚕《かいこ》を喰い荒らす土竜《もぐら》のような尾の裂けた怪獣

【大正二年春頃】

その前年ごろから、前橋市の北、岩神村〔岩神町〕地方に、ちょうど養蚕の時期に際し、何ものとも知れず、一夜のうちに蚕児を食い荒らすものがあらわれ、その被害がなかなか大きいので、なかには養蚕を廃《や》める家さえ出てくるほどであった。

しかし、その害をうける家は、決して岩神村全体にわたってというのではなく、ただ松本長吉方はじめ二、三軒にすぎないのであった。

それで、松本方では、その年の春も相変わらず奇怪な被害が頻発するので、ある人から勧められるままに、武州コブガ原という所から、祈禱によって天狗を請《しょう》じてその害をのぞいたらいいというので、早速家人がそのコブガ原に赴き、お祈りをしてもらったところ、不思議にもその効験があったのか、その夜、一匹の奇妙な小さな動物が、屋外で何物にか嚙み殺されているのを発見した。

その大きさは通常の鼠よりも小さく、鼻は猪の如く目はタテについていて、まるで土竜《もぐら》のようであり、全身に軟毛が密生し、尾の先が二つに裂けている、世にも稀な奇獣であった。その毛を顕微鏡で検《しら》べたところ、毛尖に一種の異彩を放っていたという。

——（国会新聞）

81　毎日豆腐五丁ずつで生きている奇妙な男

【大正二年七月】

水や虫ばかり食べて、それで生きているという変わった人もあるが、これはまた、毎日豆腐ばかり食べている不思議な人が出てきた。

二十三日午後六時半ごろ、麻布区新広尾町三の八（東京都港区南麻布他）木賃宿岡本屋に泊まっている、飴行商人の伴喜平《か》（三六）は、芝区本芝入横町一番地先（港区芝四・五丁目）で、突然、狂犬に右の足を咬まれた騒ぎに、ただちに警官が駈けつけ狂犬は撲殺するとともに、咬まれた喜平に、治療や注射を施そうとしたが、どういうわけか、この喜平は、

「私には、神様がついていて、その加護を受けていますから、注射などする必要は決してありません」

といって、どうしてもきかなかった。しかし、無理やりに伝染病研究所へ連れて行き、ようやく一応の治療を受けさせ、注射も施したのであった。

ただ、それだけの話では、別に興味もないわけであるが、この喜平という男は、非常な変わり者で、平常少しも米飯というものを食べず、毎日豆腐五丁ずつを常食として、元気に働いているというので、人々を不思議がらせたのであった。——（時事新聞《ママ》）

82　死んだ女が十人も子を産んでいる怪事件

【大正二年十月】

不思議千万なる事実が芝区役所戸籍簿の上にあらわれて、人々を驚かした。それは同区宮本町十五（港区芝大門二丁目）岩井サヨ（明治二年〔一八六九〕生まれ）が、去る明治二十七年〔一八九四〕に死亡しているのにかかわらず、同区役所の戸籍簿には、今なお生存しているが如く記載されてあるばかりでなく、二十年前に死亡したサヨが、その後十人の私生児さえ分娩しているのである。——（読売新聞）

死んだ女が子を産むとは、まことに奇怪な事件でなければならぬ。そこで、なお詳しい調査をした新聞記事によると……。

そのサヨという女は、前記芝区宮本町には居住していた事実がないらしく、付近の居住者にも知った者がないので、その生死のことについては不審が多いのである。

右について、同区役所戸籍吏は、

「同人がはたして生存しているか、また二十年前に死亡しているかは、当戸籍吏においては不明である。死亡届け出のないかぎりは生存しているものと見なすのが当然である。

そこでサヨの戸籍を見ると、亡き金蔵二女で、〔明治三十七年〕母とともに、茨城県猿《さ》島《しま》郡五霞《ごか》村〔五霞町〕から前記宮本町十五番地に移転したもので、移転早々私生児一郎、四十三年五月には宗造、四十四年二月には代之松、その他二十九年二月には勝吉、武男という双子までも出生していることになっているが、戸籍上はいずれも他家の養子となっている」

しかし、養子先を調査した結果、その養子を貰った親は、先方の親と面会したことがなく、いかなる者かさらに知らぬということなので、これまた不審なわけである。

なお記者が、登録簿によって、サヨが最近宗造を出産したと届け出ている三田功運町〔港区三田三・四丁目〕一番地、並びに四十四年二月代之松を出産したと届け出ている前住地を取り調べたが、二、三年前にサヨという者が居住していた形跡がないのである。またいずれも、生後数日を経て養子にやっているので、それらの者について聞き糺《ただ》したが、はたしてサヨの私生児であるか、また同人が死亡しているかは、さらに不明で、まことに珍妙な戸籍なのである。

ある説によると、サヨは死亡しているが、その死亡届が出てないことを知っている者が、里子などを貰いうけては、サヨの私生児として正当の届け出をしておき、同人の子と称して養子にやり、多少の謝礼をむさぼっていたのではなかろうかと、噂する者もあった。とにかく、奇妙な珍事件として、当時問題になったのである。――(時事新聞《ママ》)

83　二十四孝にも似た雪中に筍《たけのこ》の生えた奇蹟

【大正三年一月】

二十四孝の筍《たけのこ》掘りに似た、めでたくも奇《く》しき話があった。

広島の城下を離れし安芸郡牛田村〔広島市東区牛田〕字天水《あまず》、太田民吉の母きよかというのは、一月四日、八十二歳の高齢にて亡くなったが、同女は太田家に嫁して舅姑《きゆうこ》に孝養怠りなく、善行者として明治十五年〔一八八二〕十月十三日、勅定の緑綬褒章《りよくじゆほうしよう》を賜わったほどであった。

かつその次男の胤太郎《たねたろう》という者も性来孝心が深く、幼い時に渡米して、少なからぬ蓄財を得て先年帰朝し、自分は分家としたが、実兄を助け、老母にも安楽な余世を送らせつつあったが、その三日のこと、病床の母を見舞うため、同家の西側にあたる孟《もう》宗藪《そうやぶ》の所まで来かかると、どうしたはずみか雪中に足をふみすべらして、藪のなかへ転んだのであった。

その際、懐中に入れていた二十銭銀貨を一つ落としたので、それを拾おうと雪のな

かを掻きさがすと、こはいかに、この寒中にあろうはずもない筍が、二寸ばかり地上に頭を出しているので、大いに驚き、

「おい、みんな来い、筍がでているぞ」

と告げしらせたので、人々も奇異の念にかられながら、藪へ集まってきて、その雪のなかに生《お》い育っている筍を見て、今さらのように不思議に思い、老母にも告げしらせ、

「もう少し延びたら、お母さんに、掘り出してご馳走しましょう」

というと、日頃筍ずきの老母は、非常に喜んでいたが、その翌日、帰らぬ旅路に向かってしまった。

「こうと知ったら、昨日のうちに掘ってあげればよかったのに……」

と一同涙にむせんだというが、この「雪中筍」の評判が四方に伝わり、孝子の家の筍を見ようと遠近から来るもの、引きも切らない有様であったという。――（大阪毎日新聞）

84　広島の娼妓が産んだ白鼠のような畸形児

【大正三年二月】

広島市東遊廓有明楼娼妓の、有明こと、大阪市新炭屋町（大正区千島一丁目）浜田とみ

え（二七）は、広島市宇品町〔広島市南区宇品町〕水谷某の胤《たね》を宿し、二月末ごろ分娩したが、その嬰児は全身真っ白で、形もちょうど白鼠の如く、頭蓋骨は約一寸ばかり凹み、顔面ふくれ上がり、口は縦に裂けて嘴《くちばし》の如く、足部は極めて小さき稀代の畸形児で、音高々と乳を呑むさまは、誠に物凄いものであったという。――（大阪毎日新聞）

85　妻のある男が子を産んだという奇怪な話

【大正三年三月】

いかに宇宙には、超科学的の奇現象があるとしても、男が子を産むという事実はありえない。しかし、そういう結果になった奇怪な事実はありうるのである。

江戸期の随筆『斎諧俗談』に、「男夫産子」と題して、

「『五雑俎』に云《いわ》く。宋の宣和六年〔一一二四〕に青果を売る男あり、孕んで女子を産むという。また、大明の周文襄という人、姑蘇という所に在りし日、男夫の子を産むと告ぐる者あり。周文襄答えずして、諸門子を見ていう。汝ら、これを慎め。近来、男色のはなはだしき事、女色に勝《まさ》れり。それ必至の勢いなりと云う」

という記事があったが、筆者もこれを読んだとき、その余りに馬鹿馬鹿しいことと、読み去ったのであったが、次の新聞記事を読むに至って、ある奇怪な事実の結果として、「男夫産レ子」という事実がありえないことではないように考えられた次第である。

その謎は、次の記事を読まれることによって、氷解されるであろう。

「三重県度会《わたらい》郡四郷《しごう》村〔伊勢市北東部〕瀬古万次（三一）は、八年前に妻すえを迎え、同棲中、本年一月死亡せしが、これより先、同人は戸籍上男児なるに拘《かかわ》らず、子を産みたることあり。死亡後、戸籍上のことより裁判沙汰となり、遂に屍体を解剖の結果、女性なりしこと判明し、十七日、婚姻無効の判決ありたり。同人があくまで男性を立て通したるは、幼少より両親のため男性として育て上げられたれば、これに対する孝心より出でたるものなりと」――（大阪毎日新聞）

86　産家の謝礼金がみな木の葉に変わっていた

【大正三年春】

ある夜更けのこと、栃木県下×町の某という医師のもとへ、急に迎えの使いが来て、「産婦がいま産気づいたのですが、非常に苦しんでいますから、大急ぎでおいでを願います」

ということであったので、医師はすぐさま俥に乗って、その使いの者と一緒に馳せつけてみると、その産家は豪家とみえて立派な邸《やしき》であった。医師がついたときには、もう産まれてしまった後だったので、医師は産後の養生や飲み薬などを与えて、うどんの馳走をうけ丁重な謝礼金を貰って帰ってきた。

その翌《あ》くる朝、ふと要《い》り用のことがあって、紙入れから金を出そうと開けてみると、奇妙にも、昨夜もらった謝礼金は、みんな木の葉に変わっているのであった。

そこで怪しく思った医師は、早速前夜の道をたどって、その邸を探しに行ってみると、車輪の痕はちゃんとついているのであるが、そこには家はなくて、茶畠であった。それで、なお怪しみながら、その茶畠のなかを調べてみると、そこに狐の赤子の死体が捨てられてあった。

さては、狐にたぶらかされたのかと思うと、昨夜馳走になったうどんのことを思い出し、急に気持ちが悪くなったので、家へ帰るとすぐ、吐剤を服し、出した吐物を検査してみたが、それは正しく、ほんとうのうどんであった。

なお、いろいろ聞き合わせてみると、その前日近所に婚礼があって、その家でうどんを紛失したという話があったので、医師が馳走になったうどんは、きっとそれであろうとのことであった。――当時、この話が遠近に喧伝され、人々は皆、その医師が狐に化かされたのであろうと噂しあったという。――(蒐集記録)

87　尾のある人間が三人、徴兵検査に現われる

【大正三年七月】

明治二十二年〔一八八九〕六月二十一日の「時事新報」に「生まれながらに尾あり」

と題する、次のような記事が載せられている。

「南アフリカ、ナイアムス地方にナイアムスと称する野蛮種族ありて、その種類は人類ながらも猿の如き尾ありとは、該地方を跋渉して帰りたる欧洲人のしばしば報ずるところなれども、人々みな尾あり、尾あるを以て一種族をなすというが如きは未だこれを以て信を置くもの少なし。しかし、生まれながらにして尾ある、所謂《いわゆる》廃人は、古来その例少なからず。博学者の証明したるもののみにても、百をもって数うるほどなり。ここに掲げたる者は仏領交址《こうし》支那〔ベトナム北部〕の柴根府にほど遠からぬ内地に住まいする土地の小児の写真にして、年は僅かに十二、三歳なれども、尾はすでに九インチ（ほとんど九寸五分）に余り、内に骨に類するものなくして、その形は丸くかつ柔らかなり。これまで世に伝うるところは、たいてい二、三インチより長きも四、五インチに過ぎざるに、かく長くしてかつ丸きは未だその例を聞かざるところにして、現にこの小児はいま柴根府にいると云う」

また、ある探検隊が、蛮地で土人に襲撃されたとき、そのなかの一人を捕らえたら、その土人には尾があったという記事を見たことがあることから考えて、人間にもたまたま尾のある者がいるということだけは否めない事実であるらしい。しかし、右はいずれも外国の話であるが、ここに、わが国にも、尾のある人のあることが発見された。まことに稀有の奇怪事である。

江戸時代の随筆に、ある人間に急に尾が生えて、犬のような真似をするようになったという話が載せられているが、それは充分な信をおきえないにしても、次に掲げた記事は、徴兵検査官が発見したという大新聞の記事であるから、充分信じえられる記録であろう。

「和歌山県における徴兵検査は、四日（七月）を以て終了したるが、県下における徴兵体格検査の際、有田《ありだ》郡出身者にして臀部に長さ一寸余の尾（？）の如きものある人物三人まで発見され、当該徴兵官は、全国に未だ類例なき珍事実なりとて驚きおれり。その他に奇病者として、尿道破裂のため女子の局部の如く変形せるもの一人ありたり。因《ちなみ》に県下の徴兵成績は昨年に比し不良にして、和歌山市の如きは最も劣れり。また徴兵忌避者は、紀の川沿岸伊都《いと》、那賀《なが》両郡の資産家の子弟に多かりしと」――（大阪毎日新聞）

88　帝都の街上に獅子が飛び出して歩き回る

【大正三年七月】

東京の市街に、猛獣の王といわれる獅子が、鬣《たてがみ》をふるわしながらノソノソと歩き出したのであるから、まさに未曾有の大珍事であったに違いない。

この奇怪な事件は、十五日朝六時半、上野動物園七号室に飼育中の、同年三月十八日生まれの牡獅子が、いかなる故障からか、突然、檻《おり》の片隅を破って逃げ出し、さらに園内の植え込みをぬけて、裏門からいずこへか姿を隠したことを発見して、ここに大騒動となったのである。

それと知って黒川技師をはじめ、事務員や園丁、人夫ら数十名、それっとばかりに、八方へ駈け出し必死の捜索にかかったが、危険きわまる猛獣獅子は、どこへ行ったか、なかなか発見できなかった。

そのうちに、どこをどう経めぐったのちか、本郷区八重垣町通り〔文京区根津〕に、突如、獅子が姿をあらわした。

アフリカ蛮地ならぬ、帝都の往来へ、いきなり獅子が出てきたのであるから、それと見た往来の人々の驚愕は、一通りではなかった。

「あっ、獅子が出たっ」

という叫びが、あちこちでわめき立てられると、人々は悲鳴をあげて、右往左往に逃げまどい、町内は破れるような大騒動となった。

一方獅子も、はじめて人家の立て込んだ繁華な街なかへ出てきて、人間の叫びや走り回るさまを見ると、これも面喰らってしまい、うろたえて大通りから逃げ出すと、今度は一目散に走り出して、いきなり同区弥生町〔文京区弥生〕の戸田〔康保〕子爵邸の庭内へ飛び込んでしまった。――それが午前九時半ごろのことであった。

驚いたのは戸田家の人々で、思わぬ猛獣の闖入《ちんにゅう》に肝をつぶし、邸内は上を下へとあわてふためくばかりだった。

行方不明の獅子の捜索に、死にものぐるいで努力していた動物園の捜索隊は、この報告を聞くと、すぐさま同邸へ駈けつけ、庭内で獅子を包囲し、ようやく取り押さえてホッとしたのであったが、一時同付近は戦場のような大騒ぎを演じたのであった。けだし、空前絶後の大珍事であったのである。――(東京日日新聞)

89　大阪市の上空を赤色に輝く大流星が飛ぶ

【大正三年八月】

四日の夜八時五十七分に、突如、大阪市の上空に、光芒閃々《こうぼうせんせん》たる一大流星があらわれ、天琴星の最南端から、北北西へ向かって飛んだが、五、六秒ほどで一度雲に入って姿を隠し、のちまたもや光をあらわし、地平線上三十度のあたりまで飛んで、消えた。

その大きさは普通の電灯ぐらいで、ルビーの如く燦爛《さんらん》たる紅色を呈し、朱房のような美しい長い尾をひいていた。

昔から、なにか動乱のある際には、彗星または大流星があらわれると言い伝えられるが、この大流星の出現は、なんのためであろうかと噂されたと、新聞は記している。

折から欧洲大戦が起こり、日独宣戦の間際であったので、そうした迷信的前兆とも噂されたのであろう。――（大阪毎日新聞）

90　日独戦役と出雲大社のお使い姫、白鳩の奇瑞

【大正三年八月】

わが国は神国であるだけ、何か国難や開戦に際会して、必ず不思議な奇瑞や天祐のあらわれることや、また遠く戦場にある将士が、その戦線の空に、突如飛び交う白鳩の姿を眺めたり、羽ばたきの響きを耳にしたりしたということは、前に記したが、日独宣戦、青島《チンタオ》攻略の際にも、次のような奇瑞のあったことが報道されている。

「官幣大社出雲の御社には、神の御使いと称する数百羽の白鳩あり。神殿、神楽殿、絵馬堂その他の屋の棟に巣くい、常に大広場前に群れて神詣りの人々にもよく馴れ親しめるが、この鳩は日清、日露の戦争の毎に、その姿を匿《かく》して、人の目に触れず、戦役が終わるとともにいずこよりともなく、またまた社地に飛び来たりて元の如く群れおるより、こは定めし神の御使いとして戦地に赴き、わが御軍《みいくさ》を守護するものならんなど、当時取沙汰せしところなるが、今回の時局（日独宣戦）に際しても、不思議にも漸次にその数を減じ、二十三日宣戦の詔勅下りし時までには、さしも広やかなりし神の庭地に群れたりし数百羽は、ほとんどその姿を隠し、今は年老いし

数羽が、わが国に留守居顔に淋しく飛び交いおるのみなるにぞ、参詣の老若ますます奇異の念に打たれて噂し合えりという」

青島は間もなく陥落して、名誉の皇軍は間もなく凱旋したが、同時に、出雲大社の白鳩の凱旋の奇瑞が報道されている。

【大正三年十一月】

「出雲大社の神鳩が、開戦当時ほとんどその姿を隠したるより、青島に向け出征せるものなりなど取沙汰しおりたりしが、昨今、陸海軍の凱旋に次いで、この頃にわかに鳩の数を増せりとて、参拝者は鳩の凱旋なりと囃《はや》し立ておれり。なお千家宮司は、神鳩の繁殖をはかり、鷹並びに梟《ふくろう》の襲来につき防禦方法考察中なりと」

なお、この戦役に当たっては、白鳩に関する今一つの奇瑞が報道されている。同年八月二十三日正午、畏《かしこ》くも日独宣戦の御詔書が発布されたのであるが、その同日、宮城内にあらわれた奇瑞である。

「二十三日、この日正午の午砲が大内山に轟きわたるや、おびただしき白鳩が、賢《かし》所《どころ》の御内苑に飛び来たったのは、実に不思議の瑞兆であると、某宮内大臣〔波多野敬直〕は語った」——〔大阪毎日新聞〕

91　大猿が七味温泉へ湯治に来て珍事を起こす

【大正三年十一月】

二十二、三日ごろから、長野県上高井郡高井村〔高山村松川以南〕の七味温泉へ、素晴らしく大きな猿が、ブラリと湯治にやって来て、ここに村人や湯治客を驚かせた珍事を惹き起こした。

その大猿は、白峰の山奥から出てきた、数十年を経たものらしく、体重は十四貫もあろうと思われる猿であった。そして毎夜、湯治客の寝静まるのを見すまして、共同浴槽に入りこみ、二、三時間もよい気持ちそうに、ゆっくり入湯している姿を見かけたので、人々は少なからず不気味に思っていたのであるが、二十五日の夜半になって、その大猿は、七、八十頭の猿群を引き連れて温泉場へやって来て、てんでに温泉につかったり、なかには人家を襲ってさまざまな悪戯をするものもあったりしたので、湯治場は時ならぬ大騒ぎとなったのであった。

そこで、同村の猟師山崎袈裟一〔四二〕は、村民数十名とともに、翌二十六日、折から降りつんでいた五寸の積雪を冒して、深山に分け入り、大猿狩りを行なったが、その結果、五貫目余りの猿を四頭も撃ち止めたということであった。

出てきた大猿も珍らしく大きなものではあったが、猿の湯治は稀有な出来事として、当時大評判となったものであった。――〔大阪毎日新聞〕

92　長さ二寸もある角を頭に生やしていた人

【大正四年六月】

角があれば鬼のように思うけれども、人間にも角が生えている人があった。

「京都宮川町五条に住む森田重次郎（六二）は、昨年の春頃から左の耳の後ろに、疣《いぼ》のような小さな腫物《はれもの》ができ、今年の五月頃には長さ二寸、根回りが三寸余り、先が尖ってちょうど画にある鬼の角のような形になった。別段痛くも痒くもないが、寝る時には枕の邪魔になるのみならず、何かにつけて不便なりとて、剃刀でコソげたが、石のように堅くてちょっと手に合わず、五月の末に京都府立病院にて診断を受けた結果、今月の初めに角切りの手術を受け見事に角を落として、よい還暦のまるまる坊主となって喜んだという近頃の珍談なるが、この手術をしてやった、府立病院の外科部長河村博士は、『（前略）長さ二寸余りもあり、根の直径が一寸余もあるというほど大きいものは、世界にもあまり例のないもので、日本ではむろん第一の大角だ。ともかくも、珍らしいものであるに違いない』と」――（大阪毎日新聞）

【大正四年六月】

93　材木と見違えた長さ六尺目方三貫の大鰻《おおうなぎ》

愛媛県南宇和郡御荘村《みしょう》〔愛南町〕字平城の蓮田仙太郎という人が、ある朝、顔を洗おうとして、近くの平城川の岸へ出てみると、その浅瀬に材木が横たわっているので、よく見ると、それは材木ではなくて素晴らしく大きな鰻《うなぎ》であったので、大きに驚き、大急ぎで近所の者二、三人に知らせて、一同でその鰻を生捕りにしたが、それは長さ一間、太さは大人の太股ぐらいもあり、重さ三貫五百目という、珍らしい大鰻であった。

同地方は、時々大鰻が捕れることがあるが、このように大きな鰻は、今までに捕れたことがなかったという。鰻もこう大きくては、気味が悪い。——〔大阪毎日新聞〕

94　陰部に長さ一尺三寸の肉塊のあるグロ売春婦

【大正四年六月】

「原籍、広島県佐伯郡〔広島市佐伯区他〕、現住所朝鮮馬山本町飲食店酌婦河野きの〔二二〕が、密淫売の廉《かど》により、数日前、朝鮮馬山警察署に拘留され、放免の際、同署において馬山病院前原医師の健康診断を受けたるところ、驚くべし、同女の陰部外唇左側に長さ一尺三寸、根元直径三寸にして、尖端はあたかも小児の頭の如くなり、その肉塊重量八百匁《もんめ》強あるものがブラ下がりおり、歩行するときに紐を以て肩に吊るしおれることを発見せしが、これは多分、医学名レポープと称するものならんかという。とにかく珍らしきものながら、同女のいうところによれば、九歳のとき、梅干大のものができ、年一年と膨大し、十五歳のとき一時切断したるも再び大きくなりしものにて、柔らかき箇所と硬き箇所あり、なお日を追うて漸時に膨らむ傾向ありという」――（大阪毎日新聞）

あまりに、グロ過ぎる売春婦があったものである。女なればこそ、この奇体を持って、なお生活の資が得らるるのであろうか。

95　わずか六歳で十六貫の肥桶を担ぐ怪力童児

【大正四年九月】

ここに珍らしい怪力の幼児が現われた。大人以上の働きをするのだから素晴らしい。

「和歌山県日高郡印南《いなみ》町、古田亀松二男覚太郎（六つ）は、性来力強く、身長三尺五寸、体重六貫余あり。四斗俵を楽々と担ぎ、十六貫入りの肥桶に八分目の水を入れて、これまた容易に舁《か》ぎて、畑の水掛けをなし毎日農業を手伝いおれるが、このほど祭礼に際し、大人同様纏い持ちを勤めたり。同年齢の子供友達は覚太郎の怪力におそれを抱き、ともに遊ぶものなく、日々の食事はほとんど大人と同じ分量を取る由。同人の父も兄も大男というにあらざるも、母は大柄のほうにて、膂力《りょりょく》もまた普通の婦人より優れて強しという」――（大阪毎日新聞）

96　流産した胎児の口からまた胎児が生まれる

【大正四年十月】

本書にも、多種多様な畸形児に関する記録を載せたが、ここに掲げるものは、最も稀有の、最も奇怪なものであろうと思う。次に、その新聞記事を掲げてみる。

「両三日前（十二、三日のこと）京都市北野に住む松川やえ（仮名）三十五歳という妊娠六ヶ月の女が、腹が張って息苦しく困るとて、京都大学病院に至り診察を受けたるに、コハ急性羊膜水腫なるべしとの診断にてただちに入院、翌日流産の手術をなせしに、逆児《さかご》で生まれたるは女子にて、四肢五体何不足なく備われるも、不思議にも頭部は扁平に打ち毀《くだ》かれ、口腔より大なる臓腑の如きものハミ出しおりしが、執刀徳岡、松村両学士は、妊婦にこれを秘し、そのものにつき検《しら》べたるに、臓腑と見えたるは全く一個の胎児にして、形こそ崩れたれ、その一部は四肢の完全なるものあり、骨など表面に顕われ出で、フワフワ軟らかきは臓腑なることを確かめたれば、いよいよ稀有の畸形児なりと決定した。非相対の双胎児に属する接齬畸形児とでもいうべきものならん」とのことであった。——（大阪毎日新聞）

97　掘り出した屍体と怪奇な情死を遂げた男

【大正五年三月】

情死にもいろいろな形式があるが、ここに最も怪奇的な情死を遂げた男が現われた。

岩手県二戸郡《にのへ》斗米村《とまい》（二戸市上斗米、下斗米、米沢）玉川たみ（二三）は、日頃良人《おっと》に虐待される辛さに堪えかねて、実家へ帰り、七日縊死《いし》を遂げたので、同村の高宗寺へ埋葬された。

すると、たみ女の幼友達であった、当時青森県下北郡川内村（むつ市川内町他）に住んでいた月館孫兵衛（三三）という男が、十二日の夜九時ごろ、たみが葬られている高宗寺へ忍び込み、たみ女の死体を掘り出し、その屍体を自分に結びつけ、携えてきた村田銃で咽喉《のど》を撃ち抜き、世にも奇抜な情死を遂げたのであった。――（大阪毎日新聞）

「天国に結ぶ恋」などという題で映画化され、一時社会に喧伝された、昭和七年（一九三二）五月九日、大磯（神奈川県中郡大磯町）で心中をとげた慶大生と若き女性があったが、その情死事件は、さらに、その美しき女性の屍体を掘り出し、これを裸体として他に運び去ったという、エロ・グロ交錯の怪異な事件の突発によって、一層社会人に大きな刺戟を与えたものであった。

しかし、後者の情死事件より、前者の情死事件は、さらに小説的色彩が濃厚であり、猟奇的興味が多分に盛られているように思われる。筒井筒の幼い頃から、かの男と女とは相愛の仲であったに違いない。その女が人妻となった、男は悲恋に泣いて郷里を去った。その後幾年月の間、ひとり男はその胸に、今は人妻となった女を恋し続けていた。そして、その女が死んだと聞いて、男はひそかに帰ってきて、墓地から女の死体を掘り出し、はじめてその恋人を腕に抱いたのであった。

なんという悲しい恋の終末であったろうか。かくて男は、その死体を抱いたまま死の途についたのである。素晴らしい情熱的な、そして怪奇的な情死であったろう。時代が違っていたのであった？　或いはまた、その階級の相違のためであったろうか？　――後者は「天国に結ぶ恋」として芸術化されたが、前者は「死体と情死」と題する小さな見出しで、新聞の一隅に載せられているにすぎなかった。

なお、今一つ、これは苦笑させられるような、怪奇的心中の実例を掲げてみよう。

「横浜市中区久保町〔西区久保町〕下宿屋越後屋こと松川某（仮名）方に、去る三十日（昭和七年〔一九三二〕四月）夜以来投宿中の男女が、二日朝起き出でぬに不審を抱き、主人が部屋をのぞくと、男は泥酔して女の死骸を抱いており、室内は屍臭ふんぷんとしているのを発見、驚いて最寄りの交番に届け出た。取り調べの結果、男は神奈川区××町、市の衛生人夫松田七郎（仮名、〔三三〕）といい、妻きく（女髪結）の弟子なる畠山よね〔二四〕と仲よくなったのを妻に発見され、よねを連れて先月

（四月）二十七日家出、三十日夜、前記越後屋で心中の目的で猫イラズを飲み、女は死亡、男は死に遅れてそのまま酒びたりとなり、二日間よねの死体を抱いて寝ていたものと判明した」――（報知新聞）

98 娘の生首を飯櫃《めしびつ》に、肉を皿に盛って仏前へ

【大正六年五月】

バラバラ事件以上の怪奇な惨事である。ただし、これは狂人の仕業であった。けれども、いかに狂人とはいえ、その娘に対して加えた、実父の仕業であることと、あまりにも怪奇な残虐行為が、前代未聞のものであることによって、ここに掲げた次第である。おそらく古今類例のない残忍さであろう。

「水戸市上市田見小路〔北見町、大町一―三丁目〕東武館主大日本武徳会教師、武徳会茨城支部評議員、水戸農会長小沢一郎（六二）は、去る三月上旬より精神に異常を呈し、時に暴行を演ずるより家人が注意中のところ、二日午後八時十五分頃、演武場にありし刃渡り一尺八寸の日本刀を提げ、徒弟二人にもおのおの日本刀を携えしめ、同人の家屋に居住する、猿島《さしま》郡岩井町〔坂東市〕生まれ土工大橋松太郎（四一）方に赴き、『誰にこの家を借りたか』といいさま件の日本刀を引き抜き放して、松太郎および同人母すえ（六四）の顔面、頸部、その他数ヶ所に重傷を負わせ、同家

の家財道具を荷車に積みて自宅に持ち帰りたり。届け出により水戸警察署より警官出張、松太郎及びすえを病院に入院せしめしが、一郎に対しては同人が北辰一刀流の達人なりと恐れて、何ら監禁の方法を講ぜず引き上げたるため、一郎は同夜深更三時頃再び右日本刀を以て自宅八畳の間に臥しおりたる長女かね（三〇）に斬り付け、同人が飛び起きるところを横にはらって、一刀の下にかねの首を斬り落とし、さらに両手両足を切断し、腹部を斬りさいなみ、あまつさえ胸部、臀部の肉をえぐりて大皿に盛り、斬り落とせる首を水にて洗い飯櫃《めしびつ》に入れ仏壇の前に供え置き、そのまま家を飛び出し、六時頃水戸停車場前巡査派出所に至りしところを、追跡の警官に逮捕されたり。同人は関東における有名なる剣士にして、現に四十有余人の門弟を有し、かつて京都武徳会にて総裁宮殿下より名誉賞牌を授与せられたること十数回に及べりと」――（大阪毎日新聞）

99　地中海で戦死した良人《おっと》がその夜、妻の夢枕に

【大正六年六月】

時は欧洲大戦の最中で、地中海を中心に、ドイツの潜航艇が各所に出没して暴威をたくましうし、各連合国の商船が盛んにその犠牲となり、頻発する惨事の報道が、全世界の人々を悲しませている頃であった。

わが海軍は、その連合国軍側の商船保護の重大任務を帯びて、遠く地中海方面へ出動し、あらゆる艱苦《かんく》と闘いながら、活躍をつづけていたのである。

その活動中の駆逐艦「榊」は、十一日、地中海の某地点で、ドイツ潜航艇を発見、それを攻撃奮戦中、敵の魚雷を受け、撃沈の非運に遭遇したが、その際、艦長上原少佐をはじめ、機関少佐竹垣純信（三七）氏その他多くの将士が、遠く異境の海のもくずとなり、名誉の戦死を遂げたのであった。

その竹垣少佐が無念の戦死をとげた、その夜、祖国にあった夫人の夢に、不思議な少佐の姿が現われたのであった。

当時、新聞記者が、佐世保市元町の添島氏方に仮寓中であった、竹垣くり子夫人をお訪ねしたとき、夫人は次のように語られている。

「別にお話しすることもありませんが、主人は酒豪の方でありまして、出発前のある夜、酔い覚めの水を呼びました際、私に向かって、コレが末期《まつご》の水だと戯談《おどけ》にいうておりましたが、思えばコレが真実の末期の水となったのです。主人は至って磊落《らいらく》の方で、右のような戯談ばかりをいうて笑わしておりましたが、ちょうど十二日の夜、妙な夢を見ました。場所も土地もわかりませんが、ただ主人が、霜降りの背広服を着て泣いておりましたが、何のために泣くのであったのか、一向わからず、そのまま目が醒めてしまいました。外に二つ三つ見たこともありますから、別に気

に止めずにおりました云々」――（大阪毎日新聞）

しかし、それは、まことに悲しい夢知らせであったのである。

死者の霊が、その妻や親に死を知らせるという奇異は、古来多くの例があることである。

桜井忠温《ただよし》少将が書かれた『戦場怪談』の中にも、それに類した奇異な事実が載せられている。次に、その一節「軍人のまぼろし」を採録させて頂く。

「明治三十七年〔一九〇四〕八月三十日の夜明け方、橘中佐〔橘周太。一八六五―一九〇四〕の留守宅の戸を叩くものがあった。

蚊帳の中に寝ていた夫人が、その音に目をさまし、玄関へ出て、戸を開けると、そこに中佐が立っていた。

『あなた、あなた、どうしてお帰りになったのです？』

こういいながら、ガクガクふるえ出した。

中佐は静かに口を切って、『たくさんの部下を殺して申しわけがない。その人たちの墓参りをお前に頼みに来た』といった。

中佐がこういうと、姿が霧の消えるように薄く遠ざかっていった。

時を同じゅうして中佐はそのとき、首山堡の暁の露と消えたのであった。

空閑《くが》少佐〔空閑昇。一八八七―一九三二〕の姿を留守の兵営内で見たものがあった。そのあけの日、新聞に少佐自刃の悲報が伝わってきた。

少佐の夫人も、良人《おっと》の姿を見たということである。

武人として、少佐の如く悲しい死を遂げた者はない。裂けるような胸の苦しみ、この世から断ち切れない思い、それはまぼろしとなって現われたに違いない。

爆弾三勇士の一人作江伍長〔作江伊之助。一九一〇—一九三二〕の母は、ハッキリわが子の姿を見たといった。

昂々渓で死んだS少尉の母は、血みどろになった少尉の姿を、真ひる間見たといっている。

古賀連隊長〔古賀伝太郎。一八八〇—一九三二〕の夫人も、良人の姿を見たような話であった。

橘中佐の夫人は、良人と明らかに会話を交えた。

どこからとなく猫が走ってきて、床の間に飾ってあった中佐の写真を倒したのも、同じ時——中佐が表戸をたたいた時であった。

欧洲戦争中、モルトケ〔一八〇〇—一八九一〕はしばしば皇居に姿を現わした。歩哨が敬礼すると、元気よく手を挙げて答礼したということである」——（雑誌日の出）

100　長さ六尺もある金色に輝く蛇が現われる

【大正六年六月】

十八日の夕ぐれどき、滋賀県野洲《やす》郡安土《あづち》（近江八幡市安土町）の、とある桑園《そうえん》から胴回り八寸、長さ六尺にある、不思議にも金色に輝く大蛇があらわれたのを、付近に遊んでいた子供たちが発見して、大いに驚き、

「金色の大蛇が出たっ」

とばかり、村人に告げ知らせたので、それっというと、宮浦の青年たちが駈けつけ、それを生捕りにしたということである。――（大阪毎日新聞）

101　酒好きな八歳の幼児が酔っぱらって死ぬ

【大正六年六月】

八歳の幼児が酒好きだということも、珍らしい話である。さらにその幼児が、酒に酔っぱらって死に至ったというのであるから、奇怪この上もない事件といえよう。

「大阪北区北梅田町（北区梅田）仲仕《なかし》業、前山熊蔵の弟栄次郎（八歳）は、父が名代の大酒飲みなるより、五、六歳の頃からこれを見習って酒を飲みはじめ、両親の死亡後、養育者がなきため義理の兄に当たる前記熊蔵方に引き取られ、曾根崎小学校に通いおれるが、熊蔵は栄次郎の行く末を案じ、自分方へ引き取って以来は一切同人に酒を飲ませず、いつも厳重に注意を加えいたるに、酒好きの栄次郎は、二十五日

午後三時頃、熊蔵の眼を偸《ぬす》み、知己先なる近所の留守宅にて、自分と同年配の子供五、六名を集め、一緒に酒を飲んで遊ぼうとて、同家の酒樽より七、八合ばかり酒を取り出し、陽気に飲酒中、栄次郎は調子に乗って三合ばかりグイグイと続けざまに呷《あお》りつけ、果てはへベレケに酔い潰《つぶ》れて、その場に打ち倒れたるが、そのまま人事不省となりたるを、ほかの子供が見て、その由を熊蔵に知らせたるより、付近の藤田医師を迎え応急手当てを加えたるも、栄次郎は依然昏睡状態のまま一昼夜を持ち越し、遂に二十六日正午前死亡するに至れり。曾根崎署にては、医師の死亡届により臨検取り調べるところありたるが、右につき藤田医師は語る。

『七、八歳の子供が酒を飲んで死んだというので、近所では大評判で、警察の方でも死因に疑いを起こして再三取り調べをやったそうですが、私の診断では決して疑わしい点など毫もありません。医学上からみても七、八歳位の子供に、六十ないし百瓦《グラム》のアルコール精分を飲ますれば、中毒のため死亡を免れぬものとしている。三合の日本酒でみるとアルコールが六十ないし七十瓦《グラム》を含んでいる上に、子供のことだから調子づいてグイグイやったものだから、急性中毒を起こしたので、死亡は当然のことだろうと思います。大人でも下戸《げこ》の者が、一時にグイグイ一升余りも酒を飲めば、大抵中毒のため斃《たお》れるものだ。まして子供には堪まったものではありません。云々』」――(大阪毎日新聞)

102　胃中から吐いた物が俄然、炎となって燃える

【大正六年】

江戸時代に、大和〔奈良県〕のある女の髪の毛から出た小蛇が、雷雨を起こして昇天したという奇異があるが、これはさらに不思議な事実である。この記事は、岡田〔建文。一八七〇年代―一九四五〕氏の「現代の怪異の実録」から抜粋採録したもので、まことに奇異な現象の実話として、強い興味をひかるるものである。

「霊は水火の理力を左右する技能がある。岐阜市の某中等学校に教鞭を取っている××××氏は篤信家であるが、大正六年〔一九一七〕、その妻女は死児を産んでただちに重病を得、縁端《えんばな》へ這い出て庭の下へ胃中の物を吐いた。吐物の中に紫金色の梅干の核《さね》大のものがあって、俄然発火し、炎々三尺余の大火焔を立てて吐物とともに燃焼する、その火勢があまりに強烈なので、夫婦は茫然として眺めていたが、終《つい》に良人《おっと》は消火のためバケツで水を運んできたとき火は消えた。これと同時に、また一つの奇現象が起こった。委細は省略するも、このときはすべて霊の能力の現われであったのだ」――〔文藝春秋〕

103　人無き深山の夜半に聞こえる幽雅な怪音楽

【大正七年八月】

江戸時代の随筆『諸国里人談』に載せられている奇話として、夜ごと山中で奏でられる怪しい囃子《はやし》のことを、本書の前篇拙著『日本猟奇史』のなかに記しておいたが、その怪奇の事実を裏書きする、興味深い実話が、岡田建文〔一八七〇年代―一九四五〕氏によって「現代の怪異の実録」のなかに記されているので、ここにその一例を採録することにした。

「（前略）東京四谷の易学家九鬼隆盛氏は、大正七年八月に、門下生の犬塚某の招きに応じて、遠州磐田郡山香村〔静岡県浜松市天竜区〕の霊場たる龍王権現社のある鳴瀬山へ登った。犬塚某は、心願があって三ヶ年間この社内に起臥しつつ修行をしていたところ、期満ちて近いうちに東京へ帰るから、自分の山にいる内に、天竜川沿岸の勝景を探るかたわら、霊山の気を吸いに来たまえとて九鬼氏を招待したのであった。

氏は山に到着すると、犬塚はその日から三日間の予定で、これまでいろいろと世話になった山下の先々へ暇乞いの回礼に行って泊まってくるとて、氏に留守を依頼して下山をした。氏は後で仙書を読んだり道念を凝らしたりして、一人閑居の留守をしていた。その第一日の夜である。午前一時ごろ、細雨が降って小寒くなった。氏は孤灯の下で筆写ものをしていると、たちまち社頭近い林木の上方にて、倭楽らしい音楽が聴こえ出した。最初は美音の大鼓で、ついで笛、それから笙篳篥《しょうひちりき》という順序で、一つの楽器が代わり代わりに一曲ずつ鳴らされ、後には合奏になった。人里から孤立した無人山中の、しかも深夜に発《おこ》った音楽であるから、氏は大いに怪訝《けげん》の念に打たれた。遂に提灯をつけて出て行って、下の渓川《たにがわ》の岸へまで下りて探したが、ここでは聴こえぬので、山の上へ戻ると、依然として聴こえるのだ。約四十分間の後に、音楽はハタと止んだ。

次の日の夜も雨が降ったが、同じく午前一時ごろから、前夜同様の音楽が発生し、ことにこの夜の音は冴えざえと明瞭に、そして面白く聴かれた。このときのは約三十分間ほどで終わった。

次の日に、犬塚が山へ帰ってきたので、かの怪音楽のことを告げると犬塚は、それは先生の耳がどうかしていたのだろう。自分は三ヶ年間もここに居たが、遂に一度もそのようなものを聴いたことがない。多分、渓川の瀬の音であったろうとて事実を否定した。その夜、犬塚は九鬼氏より先に寝てしまい、氏はなおひとりで机によって書見をしていると、例の時刻になってまたも聴こえ出した。早速犬塚をゆすり起こして、どうだアレを聴けと言った。犬塚は頭を擡《もた》げて、しばらく耳を澄ましていたが、ヤアなるほどこれは確かだ、不思議だ、神仙音楽に相違ないとて、寝床から這い出してきて、坐って恭《うやうや》しく聴き入り、非常に感動をした」――(文藝春秋)

これを読むものもまた、深い感銘をうけた次第である。

104 奇妙な裸虫の群れに列車が動かなくなる

【大正九年九月】

汽車の運転不可能の事故として、稀有な奇怪な事件が起こったのである。十数年前、北海道かで、鯡《にしん》を満積した列車が、その貨車からしたたり落ちる鯡の油のために、運転不可能に陥ったという事故はあったが、突如線路を襲った裸虫のために、列車が動かなくなったというのは、けだし汽車開通以来初めての珍事件であろう。

「十四日午前零時四十五分、塩尻駅発名古屋行第七六六号貨物列車が、中央西線贄《にえ》川《かわ》、奈良井両駅間に差しかかるや、俄然空転を始め、貨車進まざるより、調査したるに、無数の裸虫、俗にシケ虫と称する虫類に似て、やや大なる白色の虫が、約数十間の間、あたかも雪の降り積もりたる如く軌道を埋めおり、列車は虫の脂肪のために空転したること判明、甲府運輸事務所にてはただちに右虫を取り寄せ研究中」――(大阪毎日新聞)

105　腹から水がバケツに八杯出た記録的奇病

【大正十年七月】

滋賀県彦根〔内〕大工町〔彦根市中央町、本町一丁目〕菓子商中村つる〔三六〕は、彦根の名物女といわれた人であったが、二年前から腹部が妙に膨れ出し、大阪大学病院で診察を受けたところ、卵巣が悪いとのことであったが、その後家事上の都合で、入院治療する暇がなく、そのままにしておいた。

すると、今年になってから、腹部はますます膨れ出してきて、三週間ほど前から、突然重態に陥ったので、取りあえず彦根病院に入院して、京都大学からも医師の立ち会いを求め、治療にかかったが、すでに手遅れで、手術を施すこともできず、遂に同月七日、心臓衰弱で死亡した。

死体は、本人の遺言によって解剖に付したが、病名は卵巣嚢腫病で、腹中から水がバケツに八杯も出たということである。

同病の患者で、腹部の一番大きくなった世界的レコードは、百六十センチメートルということになっていたが、右つる女の腹部の周囲は、実に百七十センチメートル（五尺六寸余）に達していて、前記の世界記録を破り、世界的新レコードをつくったものであったという。――（大阪毎日新聞）

106　二十四歳で女が男になった変性体験実話

【大正十年七月】

女性から男性への変転、これは確かに異常な感激であり、その体験の心理たるや、けだし覗《うかが》い知ることのできぬものであるに違いない。次に採録したものは、その微妙な体験心理の片鱗を示したものと信ずる。

江戸時代にも、男から女に変わった例はある。しかしそれは自然化であったが、近代のは医術化である。そこに時代の流れの変遷が見られる。

「徳島市住吉島町小島ゆきの私生児かめを（二七）が、二十四歳のとき、徳島市三宅病院の手術を受けて男となり、今年亀雄と改名して、徴兵検査を受けたことは既報したが、その結果は丁種の不合格で兵役には全然関係のない身となった。彼は二十四年間の女性生活について、こう語っている。

私は、尋常二年生を中途で退学しまして、子守や下女奉公ばかりしておりましたが、十九の年に女として人並みの身体でないことを覚り、つらつら世の中が嫌になりました。それでも未だ女であると信じていましたけれど、二十四の年に医者に診てもらいまして男であると聞かされた時は、ホントに天にも昇る心地がしまして、早速銀杏髷に結っていた緑の髪を切り捨てました。裁縫から炊事まで女一通りのことはできるけれども、悲しいことは読み書きの方がさっぱり駄目ですから、いつも字引を懐《ふとこ》ろにして、わからない文字を覚えるようにしています。まだ綴り方まではできません。

身体のこなしも、言葉遣いも未だ女に近いが、今では立派な細君ができていて、近く徳島の本町でフライビンズの製造販売を始めるとのことである」――(大阪毎日新聞)

107　大阪に起こった不思議な幽霊写真の怪事件

【大正十年七月】

幽霊が写真に撮《うつ》ったという怪奇な事件は明治篇(63項)にも記したが、今回のはさすがに時代の進化で、新聞記者もこれをそのまま事実として受け入れることができず、それに科学的解説を付して、幽霊の出現を否定し、見出しも「珍談――幽霊写真」としている。もっともな見解である。

しかし、その記事を読んでいくうちに、そこに何かしら否まれぬ奇異の存在があるように思われる。ことに科学文明の進んでいる欧洲において、幽霊写真の事実が肯定され、それが研究されている事実を考えるとき、また前記明治時代篇に載せた事実を想起すると、あながち否定することもできぬように思われる。要は読者の判断に任すとして、ここにその全文を掲げてみることとした。こうした記事の取り扱いについては、そこに時代の流れを知ることができようか。

「このごろ大阪の高津一帯で幽霊が写真に撮影されたという噂が、一杯に拡がっている。べらぼう至極な風説だが、あまり取沙汰がやかましいので、所轄警察でも手を入れるやら、怪異研究者が調査を始めるやら、いよいよ以て噂に尾鰭がついてゆく。そこで記者も眉唾ながら探ってみた。幽霊の現われた写真というのは、本年の四月、東区中寺町〔中央区中寺〕の法華宗妙寿寺で墓供養が行なわれた。その際、参詣した四十余名が一団になって写真を撮った。その中に件の墓供養の亡者が幻のように顔だけ出しているのだ。墓供養の仏というのは、三年前まで西賑《にぎわい》町〔中央区谷町六丁目、安堂寺町二丁目〕に住んで紙函商を営んでいた老婆岩阪幸野（七十三歳死亡）で、少なからぬ遺産があり、濃い縁類もなかったところから、店員中十七年間忠実に勤めた田中芳三郎が跡式一切を貰うことになっていたが、正式の遺言が無いので、婆さんの死後親戚から苦情が出て、結局、芳三郎は谷町四丁目に別家して独立営業し、婆さんの跡は姪《めい》に当たるものが相続することになった。その当時から近所界隈では岩阪の婆さんは思っていたことが通らないので、さぞ浮かばれないだろうなどと隣の疝気を頭痛に病んでいたところ、三年後の今春、婆さんの墓供養が行なわれて、そのときの写真にヘンな姿が現われたものだから、まさしく婆さんの幽霊に違いないと相場が定《きま》ったのだ。

しかるに墓供養の当日、故人の友達であった関口こまというお婆さんも参詣して撮影の仲間に加わっていたのだが、おこまさんの姿は写真のどこにもでていない。おこまさんの言うところでは、自分は下から二段目の中央部にいた、この日の仏の一番気に入りな芳三郎は上から二段目の所にいた、その芳三郎の傍《そば》へボウと幽霊の顔が出ているのだから争えない。私は写真をとるとき、何とは知らず頭を圧《おさ》えつけられるような気がして、まるで地の中へ引き入れられるような心持ちになった。写真が済んでから同じ年寄りの仲間の、浅野のお婆さんは『私は死んだ岩阪のお婆さんの姿を見た、お婆さんは嬉しそうな顔をしていた』と語った。その時は阿呆らしいと思っていたが、でき上がった写真を見ると、仏が姿を現わしたのは紛れもない事実であった。――と、こうおこま婆さんは主張するのだ。目まぐるしい現実問題で忙殺されている記者は、幽霊があるかないかの閑問題には与《かか》わっていられぬが、以上の事実でやかましい幽霊写真の性質は大体わかった。撮影当時、おこま婆さんはやはり芳三郎のすぐ傍にいたものらしい。そしてレンズを開く瞬間に、何事かを感じて少し面を俯せ、またすぐに顔を元の位置に復したらしい。それで申し分なく幽霊の写真ができ上がったものだと判断される。ただし、この幽霊写真の実物は種も仕掛けもなく偶然の機会から、まったく巧妙に幽霊が現われているので、珍中の珍写真として、怪物百物語の絶好な材料になる代物である。幽霊写真の顚末、よっ

て如件《くだんのごとし》」――（大阪毎日新聞）

108　馬ぐるみ荷馬車を空へ巻き上げた大旋風

【大正十年九月】

二十三日午後四時二十分、愛知県西尾町字熊味（西尾市熊味町）の久麻久《くまく》神社付近で、突如、一大旋風が起こった。

この大旋風は、岡崎街道を、道光寺、鶴城その他の各地を通過して吹きまくり、およそ三十分ののち止んだが、その際、荷馬車が馬のついたまま空中へ巻き上げられるという大珍事を起こした。

このため、旋風が通過した村落の倒壊家屋は二棟半、半壊が三十二棟、電柱の倒壊十余本、その他、屋根瓦の吹き飛ばされたものは無数であった。ただ幸いなことに、人間の死傷はなかったという。けだし、稀有の大旋風であった。――（大阪毎日新聞）

109　百発百中の神技を有する天気予報の名人

【大正十年】

その頃逓信省《ていしんしょう》に、不思議に百発百中ピタリと天気を予断する名人があった。まったくその神技は奇蹟のようで、よく間違う気象台などの予報は問題にならない的中率をもっているのであった。それは、同省の工務局電信課勤務の鈴木毅氏というので、そのため逓信省では数年来、気象台の天気予報なぞはあてにしないで、万事鈴木氏の観測によって仕事をしているというほどであった。

いつかそれが評判になって、のちには逓信省ばかりでなく、宮内省あたりでも、観桜会や観菊会の折には、必ず同氏に問い合わせてくるという有様であった。かつて、有馬母堂の葬儀の折などは、降雨の時刻まで、三日も前にキッパリといい当てたので、人間わざとは思われないという褒辞をのべて、謝状とともに金百円也を贈られたということである。

このため、東京の大相撲がまだ小屋掛けで興行している時代には、同氏がお天気の相談役に頼まれ、しかも一日もその観測を誤まらなかったといわれる。そのため同氏は、大相撲の木戸御免の権能をもっている一人であるという。

別に大懸かりな機械や道具を設備しているわけではなく、最高と最低の寒暖計二個と、晴雨計と気象計や湿度計のようなものを置いてあるだけで、気象台でさえ、その的中率に驚いているほど、百発百中お天気をあてるのであるから、まったく奇蹟的で、予報の神様というべきであろう。

この予報の神様が、そうしたお天気の観測をやりはじめた動機というのは、同氏の父君が植木いじりが好きで、その手伝いをしているのに、その仕事が天気と非常に関

係が深いところから、いつか気象の変化に関する研究に興味を持つようになったのであるといわれている。——（蒐集記録）

110　母親に巻き蒲団で抱かれてきた徴兵検査の壮丁

【大正十二年四月】

毎年徴兵検査には、戸籍の間違いやら何かで、いろいろな悲喜劇を演じたり、珍しい奇形児が飛び出したりするが、その年の徴兵検査には、すばらしく不思議な、奇妙な壮丁が、大阪府河内郡（東大阪市、八尾市の一部）からあらわれた。

同月九日午前六時、同郡役所議事堂内で、徴兵検査を執行しているところへ、みすぼらしい服装をした、五十格好の女が、巻き蒲団に包んだ子供を抱いて、小使室に現われたので、小使が「何用か」と尋ねると、女は抱いている子供を指して、「実は、この子の徴兵検査を受けにまいりました」というので、びっくりしながら、不審に思った小使が、その子供を見ると、なるほど身体こそ赤ん坊のように小さいが、立派に青年の面相をした男が、スヤスヤと眠っているので、さらに驚きあきれてしまったのであった。

だんだん調べると、この赤ん坊のような小さい壮丁は、同郡英田《あかた》村大字水走《みずはい》（東大阪市水走）一一二八番地小田三郎（仮名）といって、明治三十六年（一九〇三）八月十日生まれの、二十一歳の立派な壮丁であったのである。

やがて、検査場に入って、係官の身体検査をうけたが、身長二尺三寸、体重三貫百匁《もんめ》で、もちろん徴兵免除となったが、普通によくあるこの種の侏儒（一寸法師）は、大体頭部のみが発達するとか、足部が短いとかいう風であるが、この小男は、身体の釣り合いがとれて、小さいながら完全に発育しているので、係の軍医もひどく珍らしがったということであった。——（大阪毎日新聞）

111　関東大震災にまつわる不思議な前兆奇事

【大正十二年九月】


一日午前十一時五十八分四十秒六四、突如関東地方を襲った大地震は、実に空前絶後の惨事を惹起したのであった。

華麗を誇った大帝都東京は、その半土を焼野ヶ原に化してしまい、十幾万の生霊は消え失せてしまったのである。

安政の大震災においても、不思議な、奇異な前兆が、その直前にあらわれたことが伝わっている。そして、この大正の大震災にもまた、あったのであった。その重《おも》な事柄を、次に列記してみよう。

今回の大地震の少し前、品川で井戸が急に濁ったので、大地震の前兆ではないかと、中央気象台へ報告したということである。しかし井戸の濁ることは、他にもいろいろ原因があるので、気象台でも別に気に止めはしなかったとのことである。

また、蒲田の松竹撮影場に勤めている人が、その前日八月三十一日に、早仕舞いで家へ帰る途中、とある小さい池の水面一杯に、魚がパチャパチャ躍ったり跳《は》ねたりしていた。不思議に思ったが、その人は元来漁の好きな質《たち》だったので、早速撮影場に引き返すと、道具部屋を探して網を見つけだし、居合わせた友人とともに、その池の魚を掬い取ったが、およそ四斗樽に半分ぐらい獲物があったという。その人は、大喜びで家に帰り、その魚を肴に晩酌をやって、翌日の昼まで寝ていると、突如大地震が襲ってきたのであった。それではじめて、昨日の魚の不思議が、地震の前兆であったかと、思い当たったということである。――とにかく動物は、非常な微弱な前揺れをも感じるものであるらしい。

昔から、大地震の前には、奇怪な雲の峰があらわれるといわれているが、今度の大震災の時にも、不気味な雲の峰があらわれていた。

三浦半島に住むある青年が、その三十分ほど前に、海岸に出ていると、海水が非常に退いたので、「もしや大津波が来るのではあるまいか」と、急いで家へ走って帰ったが、家に入るか入らないかに、地震が襲ってきたということである。

まだ他にも、奇異な現象の実例はあるが、江戸篇の安政大地震のところで、かなり

詳しく記したから、ここには略しておくことにする。——（蒐集記録）

112　犬の顔で足の四本ある畸形児を産んだ娘

【大正十二年頃】

茨城県結城郡安静《あんじょう》村（八千代町）の、某の娘しづというのは、当時十七歳で妊娠していたが、やがて月満ちて産まれた子というのは、奇怪にも犬のような形をした畸形児であったので、親たちも驚き、ひそかに上京して、大学病院へ入院したが、不思議に母子とも至極壮健に育っているとのことであった。

その嬰児というのは、顔がまるで犬そっくりで、足が四本あり、その足も犬のそれと少しも変わりがなかった。

その娘しづは、平常から、犬を大変可愛がっていて、起臥をともにしていたので、八犬伝の伏姫のように、犬の霊気を感じて、そうした畸形児を産んだのであろうと噂された。——（蒐集記録）

113　目方十九貫もある稀代の大睾丸を持つ男

【大正十三年七月】

奉天の満洲医科大学（現中国医科大学）の蒙古施療団の久保田博士一行が、東蒙古八面城から連れ帰ってきて、手術を施した中国人牛宝という男は、象皮病にかかって、前代未聞の大睾丸を持っていた。

その男は、もちろん、両脚も腫れ上がっていた。そして肩から綱で、その大睾丸を吊って、杖をついて立ち上がっても、歩くことはほとんどできなかった。その睾丸の大きさは、日本内地の荷馬車にのせて、およそ半分ぐらいの車いっぱいにひろがり、それを包んだ浅黄地の布は、その男の着衣よりももっとたくさんの布地を要したという。で、汽車の乗り降りの際には、二人ほどの人が手伝ってようやく動かしたほど、平常は、床の上に横にねたきりの有様であった。

手術ののち、その大睾丸はようやく切断されたが、目方は驚くなかれ約十九貫目もあったという。おそらく切断前には、もっと重かったであろうということである。狸の睾丸八畳敷きという話があるが、こうした大睾丸は、人間には未だかつてなかったもので、欧洲の医学界でも、未曾有の大きなものとして驚かれたということである。

これについて、面白い奇話が伝えられているが、それはこの大睾丸の持ち主を、奉天につれて来て、その夜、馬宿に一泊させ、翌日手術をすることにしたが、やがてしばらくすると宿の親爺がブツブツいいながらやって来て、

「あの方を泊めるのは御免だ」というので、

「どうしたのだ」と尋ねると、

「坑《あな》をぬいてしまいました」

と不平をこぼすのであった。この坑というのは、土で築いた床で、冬の間、火気を通すもので、その床を、大圏丸の重量でぬいてしまったのであるから、いかに偉大なものであったか、想像がつくであろう。

数年前、東京にも大圏丸の見世物があったが、それは肩から吊って、歩くことができた程度のものであった。――（蒐集記録）

114　五十七歳の女に十二歳の少年が婿になる

【大正十三年頃】

宮城県栗原郡松倉村〔栗原市栗駒松倉〕の麦沼という家があった。その家には、当時五十七歳の寡婦が養子の某とともに住んでいたが、ある夜のこと、その寡婦の養母は、世にも不思議な夢を見たのであった。その夢の告げというのは、

「もしお前が、早く十歳から十五歳の男を良人《おっと》にしないと、今年中に一命を失ってしまうぞよ」

というのであった。あまり奇妙な夢なのと、生命が亡くなってしまうのが気になってたまらないので、まず養子の某に相談をした。その養子というのは、非常に性質の従順な孝行者だったので、養母の夢知らせのことを聞くと、某は真面目にそれを心配

して、それから諸方を駈け回って知人に相談したが、誰も大笑いして相手にするものがなかったので、某は余儀なく、その実家に行って話をした上、遂に当時十二歳になる自分の弟を連れて帰り、その弟を養母の良夫、すなわち養父にして、奇珍な結婚式をあげ、披露の宴を開いたのであった。

五十七歳の花嫁さんに、十二歳の花婿さんというのも前代未聞の話であるが、十二歳の実弟が養父になったという話は、さらに古今未曾有の奇話として、当時、大評判であったと伝えられる。——(蒐集記録)

115 純潔の処女が子を産んだ怪奇の謎は何か

【大正十四年頃】

江戸時代には、八歳で子供を産んだ小娘もあるのであるから、十五歳の少女が出産をしたからといって、別に不思議はないのであるが、同少女が純真の処女であるという点に不思議さがあるのである。「処女妊娠」などということは、事実ありうべからざることであるが、その奇怪な謎が、手術によって解かれた。しかし、その解かれた謎の結果も、実に前代未聞の奇怪な事実であったのである。

別府市野口病院へ、十五歳の少女が入院したが、その少女は処女であるのに、不思議にもお腹がふくれ出したのであった。

そこで、同医院で腹部の切開手術を行なったところ、奇妙にも、異様な胎児が取り出されたのであった。まさに処女のお腹から胎児が出たのであるから奇怪である。この謎は、同院の尾見薫博士によって解かれた。同博士の談によれば、「同少女は、母親の胎内にあったとき、双生児であったもので、一方の胎児が、他の胎児の卵巣のなかに迷いこんだものを、母親が生み出した。その胎児が、十五年のあいだ、この少女の腹のなかに宿っていたという珍らしい実例である」といっている。

なお右の少女は、その頃高熱になやみ、入院したもので、入院後も重態であったが、手術後は経過良好に向かったという。とにかく、世にも不思議な双生児があったものである。――（蒐集記録）

116　好物の人糞が食べられないで発狂した男

【大正十四年頃】

呉の海兵団にいた二等機関兵の綱島某という水兵は、十二、三歳の少年時代に、どういう機会からか一度人糞を口にしてからというもの、その味わいが忘れられず、それ以来は、人眼を忍んで、穢《きたな》いところから人糞を掬《すく》い出して食べていたが、その後壮年に達して海軍軍人となったが、やはりその人糞を断つことができなかった。

しかし、水兵生活に入ってからは、今までのように自由に人糞を食べることができ

ず、それが身体に害を及ぼしたか、だんだん健康が衰えていって、遂に気が狂ってしまったという。――（蒐集記録）

117　女房の屁が臭いと離縁問題が起こった裁判

汝等は何を笑ふと隠居の屁
只《た》だの風よりもましならめ畑の屁
音もなく空へぬけてく田植の屁

【大正十五年六月】

などと川柳子は皮肉っているが、屁はなかなかに愛嬌にとんだものである。が、中にはこの屁のために思わぬ悲劇を惹起したことも、昔の書物に出ているところである。嫁がはずした一発の屁から、その嫁は自殺し、仲人夫婦が死んだという話もある。

それは極端な例外としても、『明治奇聞』に「途上にて放屁の罰金七銭」と題して、「明治六年（一八七三）二月、吉原京町喜勢長屋局見世の遣手婆キヨが、亀井戸天神卯詣りの途中、押上の土堤で思わず放屁したのを、邏卒（巡査）に捕らえられて罰金七銭に処せられたということが、当時の新聞に出ていたが、故意に人を侮蔑するため面前で放屁した場合は格別、誤っての放屁を罰する条文はない。もっとも、不応為律という『なすべからざることをした』との罰はあるが、放屁を不応為律に擬するのも無理であろう」

と記載されているが、明治の初めには、そんなことがあったのかもしれない。が、屁の罰金七銭はおそらく前代未曾有のものであろう。

さて、次に採録せんとするものは、昭和五年〔一九三〇〕一月の新聞紙上に、高田義一郎博士が執筆された「なら」と題する漫筆の一節であるが、放屁に関する最も興味ある珍奇な、そして哀話でもある。

「(前略)嫁の屁は五臓六腑を駈けめぐり。花嫁が出すまいとする苦心はどのくらい深刻であろうか。それは、次の法廷における裁判長判事と被告山下某との訊問調書の一節がよく説明してくれる。これは笑談ではない。東京控訴院刑事部第一号法廷における、大正十五年六月十四日の哀話である。

問『なか(被告の女房の名)はお前と一緒になるまで、酌婦をしていたということだが、たいへん別嬪だったそうじゃないか』

答『へへへ』

問『女房も別嬪であるし、家の中は至極円満に行きそうなもんじゃないか』

答『ヘイ、それがその、初め三、四ヶ月は大変旨くいったのでありますが、その——ナンでありまして、おかしな話ですが、放屁する癖のある女でありまして、それを知りましてからは、一時に厭《いや》になりました』

問『フム、それでナニカ、嫌になったので離縁する気になったのか』
答『左様で、昼間はそうでもありませんが、夜なぞは一緒に寝ておりますと、とても臭くて堪りませんので、とうとう追い出す気になりました』
新年早々、馬鹿らしい話はこれくらいで止めておこう。『屁は少なきこそよけれ』と思い侍るままに……」――(東京日日新聞)

ここにまた屁によって、死に至った珍奇な哀話がある。

【大正四年五月】
「岡山県久米郡三保村(美咲町)売薬業菅直政(二八)は、先月二十五日午後六時、中国線誕生寺駅駅長室にて誤って放屁せしを、居合わせたる駅長の谷川竹蔵(三九)が、無礼者といいさま乱暴にも直政の左の耳を殴打し鼓膜を破ったるが、直政はその後病気に罹《かか》り本月八日死亡せしかば、村民らは駅長が殴り殺したと言い触らし、十日岡山地方裁判所より検事出張、死体を解剖に付し、竹蔵を召喚し目下取り調べ中」――(大阪毎日新聞)

118　水ばかり飲んで働いている金魚のような女

【大正十五年七月】
大阪市(中央区)北久宝寺町三丁目の鏡問屋桜井某方に、数ヶ年前から女中として立ち働き、同家二十数人の大世帯の勝手を一人で切り回し、男も及ばぬ働きをしている松田きく（仮名）二十五歳というのは、不思議なことに、雇われてからこの方、三度の食事はもちろんのこと、米一粒も食べず、ただ水と、ごく少量の野菜類を毎日摂るだけで、働き通し、しかも一度も病床についたことがないというので、大評判になっていた。

この不思議な女は、北海道後志《しりべし》の国瀬田郡〔久遠郡せたな町？〕の片田舎に生まれ、十歳の時、ふとした風邪がもとで、高熱になやまされたが、その当時、医師の勧告で水ばかり飲まされ、その後全快しても御飯などは食べず、水を御飯がわりの食糧としているとのことであった。

それで、大阪赤十字病院の博士連や、付近の医師などが、研究の資料にするため、体質をみせてもらいたいと、再三交渉したが、同女は病人でないから、お医者の厄介にならないと拒絶しているとのことであった。――（やまと新聞）

江戸時代、水ばかりで生きている無食の尼さんの話を『日本猟奇史』に記したが、その尼はあまり健康ではなく、弱々しい女であったとのことであった。それに比較すると、このきく女は人並み以上に健康で、活動しているのであるから、一層珍らしい話である。

119　六歳で十貫目の炭俵を鞠《まり》のように玩《もてあそ》ぶ幼女

【大正十五年頃】

秋田県仙北郡四ツ屋村（大仙市北東部）の佐藤某の三女は、世にも不思議な怪力をもっていて、わずか六歳であったが、三斗入りの米俵を背負って、十数間もある庭内を三、四回往き来しても、少しも疲れた様子がなかったという。

平常遊んでいるときには、十貫目もある炭俵などを、おもちゃにしているが、まるで普通の幼い子供が、鞠《まり》でも投げるようであったといわれる。なお、同家の長女も、非常な大力で、次女も十一歳のとき、すでに一人前以上の労働に従事していたということである。――（蒐集記録）

昭和篇

120　神告で発掘された観音像の霊異と女行者

【昭和二年一月】

伝説や名勝旧跡に富む箱根芦ノ湖畔の、箱根関所で有名な箱根町に、その月八日の正午ごろ、五十五、六のみすぼらしい一人の女修行者が姿を現わした。

女修行者は、その土地で町会議員や名誉職をつとめている土木請負業の富岡定雄氏方を訪れ、

「私は二十数年来、諸国を修行して歩くものですが、この町はずれの駒形神社のそばに、如意輪《にょいりん》の観音様が土中に埋もれているという、神のお告げをうかがったので、わざわざお訪ねしたものです」

といい、同氏が土木請負業と聞いて、その観音様の発掘を頼みに来たのであった。

しかし、富岡氏も、今の世に神のお告げなんて、そんな馬鹿気たことが信じられるものかと、体よく断ろうとしたが、その女修行者の、あまりに熱心な頼みにほだされ、無駄骨とは思いながらも、人夫三人ほどを連れて修行者の道案内で観音様のうずまっ

ている場所へ赴いた。

そこは三島町に向かって、新国道を箱根町のはずれに出て、旧箱根街道にそれ、およそ一町ばかり行った、同町芦川の駒形神社の鳥居の左わきで、町の共有地となっている、あしの一面に生い茂った草むらであった。

人夫たちは、女修行者のいうがままに、五畝歩《せぶ》ばかりの共有地を、旧街道から掘りはじめ約三間ばかり掘ったところ、地中三尺ばかりの下に木の葉や石ころにうもれた、観音様の頭らしい一個の石につき当たった。これを見た人夫たちは、旅の怪しい女修行者の言葉が的中したので、思わず「アッ」と驚きの声をあげたが、修行者はにっこり笑って、手を合わせると、静かに念仏を唱えるばかりであった。

人夫たちは、あまりの奇怪さに、夢に夢みる心地で、一生懸命掘り進み、夕刻頃とうとう高さ二尺五寸、幅一尺五寸の観音像と、高さ三尺ばかりの台石を掘り上げた。

これが、修行者のいう如意輪の観音であった。この不思議な事実に驚異を覚えた富岡氏は、種々奔走の上、翌日さらに数十名の人を集め、修行者の指揮に従って、付近の発掘をつづけ、遂に、前記の観音像をはじめ、別に六体の観音像、六体の地蔵尊や、供養塔と、また、正面に「南無観世音菩薩南無阿弥陀仏」、横に「生誉即往、元禄十四年巳六月十五日」と刻んだ無名の塔とを発掘したのである。

村人は、観音の塔は大石内蔵助良雄が東下りの際、自分の心持ちを石に刻んで死者の供養にしたものだといっているが、この発掘場所の隣地は、古老の話では光明山摂取院念仏寺という寺があり、同寺には子安観音という観音があり、維新前まで仏教の修行地とされていたもので、女修行者のいう如意輪の観音は今から千四百年ばかり前のものであるとのことであった。

なお、右観音の発掘の地を、新霊場として御堂を建てる計画中であるとのことであった。

また、その不思議の奇蹟をあらわした奇怪な女修行者は、幾度かその名前を尋ねたが、ただ「静岡県に住む雨宮」といっただけで、多くを語らず、また飄然と去ってしまったので、土地の人々は神の使いだと噂しあっていたとのことであった。――（東京朝日新聞）

121　笑うと体がグニャリと海月《くらげ》のようになる女

【昭和二年三月】

当時、海軍共済会組合佐世保病院で、不思議にも、笑う刹那に全身がグニャリと海月《くらげ》のように利かなくなる、珍らしい病人が診察を受けた。

その患者は、佐世保市外山口村（中里町の南西）の石瀬たい（仮名）二十七歳で、大正十年の夏ごろから、電線などの静止物を見つめているとき、突然、発作的にグニャリとなってしまったものであるが、その後その発作が変化してきて、笑うとすぐグニャリとなってしまうようになったのであった。これでは嫁に行くこともできないというので、両三年前から、大阪、神戸、福岡などの各病院を回って歩いて、診察治療をうけていたが、どうしてもそれを全治させることができなかった。

見たところでは、すこぶる健全な体格で、そんな海月のようにグニャリとなる病人などとは思えないのであるが、それについて、同病院では、「筋無力症」といって、精神を集中した場合などに起こるものや、または俗に「首下がり病」などという症状は往々世間にもあるが、その女のように、笑うとすぐグニャリとなるような症状は、世界でも極めて珍らしく、病名さえつけることができない奇病であるとのことであった。――（東京朝日新聞）

122　顔が人間に似ている一つ目の不思議な馬

【昭和二年春】

群馬県薄根村大字石墨（沼田市石墨町）、石井直衛方の飼い馬が仔馬を生んだが、その生まれた馬の仔は、顔は人間そっくりの形で、目は奇怪にも額にたった一つあるだけ、そして瞳は二つあるという稀代の畸形馬であった。

これを伝え聞いた郡役所では、学術研究の資料として、早速調査に出張したが、その仔馬は生後間もなく死亡したという。しかし、一つ目の、人間の顔をした仔馬が生まれたというので、毎日見物人が黒山のように集まってきたということである。——（蒐集記録）

123　電車を見て怪死した玩具も怖がった幼児

【昭和二年五月】

七日の夕刻、千葉県市川町（市川市）の停留所付近で、不思議な怪しい死を遂げた幼児があった。市川警察署でその死体を検視したところ、少しも外傷がないので、その死に不審を抱き、医科大学の木村博士に乞うて八日解剖に付した結果、ようやくその怪死の謎が解かれたのであった。

その怪死を遂げた幼児は、同市川町市川の高橋杉次郎（仮名）長男五郎（五つ）で、解剖の結果によると、その五郎は、何かある怖ろしいものを発見したり、或いは聞いたため、恐怖のあまり急死したものと断定された。

それは、心臓および血管の異状と、内臓の畸形から推断されたものであるが、家人の話によると、同児は常日頃、病的に恐怖観念を抱いていて、ことに汽車や電車を極度に恐れていたが、ことに数ヶ月前、大人が電車に跳ねとばされた現場を見てから、一層電車に対する恐怖心を増し、遂には玩具の電車さえ恐がるようになったということであった。

なお同博士は、「常に子供が怖ろしいというのを利用して、親が子供をおどかすことは、非常に慎しむべきことである」と語られたという。

右の奇怪な恐怖死について、大阪医大の某博士は、

「そんな例はチョイチョイあることで、法医学の書物にも載っている。しかしそれは特殊な体質の所有者で、精神的衝動による急死で、びっくりした際、心臓麻痺を起こして、そのまま死ぬのである。面白い例としては、夜間、街路で放尿していた男を、巡査が『こらっ』と一喝したところ、死んでしまったというのなどがある。だが、五歳ぐらいの子供というのは珍らしい」

と語っていた。——（大阪朝日新聞）

124　伐採後三年もたつ桜の床柱が青葉をふく

【昭和二年六月頃】

桜の木は、伐採して丸太にしてからも、杭などにうっておくと、よく新芽をふいたり、時には花を咲かすということが、古い随筆本などにも珍らしい話として出ているが、これは伐採後三年も経過したもので、しかも建築後一ヶ年を経ていて、床柱として幾度も磨きをかけたものが、青々とした若葉をもえ出したというので、珍奇な事実

として評判になったものであった。

それは、樺太西海岸の本斗町〔サハリン州ネベリスク〕中通り五丁目にある一力食堂の二番室にある床柱である。同食堂は前年四月火災のため焼失したので、同年六月新築したもので、その床柱も、秋田県から取り寄せたものであった。

三年もたった古木の床柱から芽をふき出すとは、なにかの瑞兆だと、同食堂の主人も大喜びであるとともに、見物人で賑わったという。——(蒐集記録)

125 大和吉野の奇人、日本一の昭和物臭太郎

【昭和二年十月】

「諸国奇人変人名物男」という題で、『雑誌キング』に掲載されている奇話であるが、まず昭和の代表的奇人として推薦するに価するものであろう。「川上宏」の署名で記されている。次に、その全文を採録してみよう。

「大和の吉野郡は、全郡ほとんど山地で、四時雪を頂くような高山はないが、それでも太古ながらの原生林が今なお存して、熊や猿などが人家近くに出没することも稀《めず》らしくない。この吉野郡も不便さでは北山村がまず筆頭で、山国も自動車の発達で著しく便利になったが、その自動車に乗るにも、八里の山路を一日がかりで歩いてからでないと乗れないという奥地である。この北山に正吉さんといって、もう六

十近い人がいるが、この人の物臭ぶりが実に徹底している。

押入れに物を入れておいたのでは、必要な場合一々立って行かねばならない、それが面倒だとあって、自分の坐っている周囲に天井からいくつもの舟（舟形の台）を吊りさげて、右の舟には茶器、左の舟には食器、後ろの舟には飯といったぐあいに、手さえ延ばせば即時に何でも間に合うようにしてある。

客でも来ると、話をしながら、

『今日は一つ寿司でもご馳走しようか』といって、後ろの舟から飯を出し、横の舟から酢漬けの魚を取って、その場で握って客にすすめるといった塩梅だ。

この地方では便所は外便所だが、そこまで行くのは億劫だというので、昼間は庭へ放尿するが、夜はそれも面倒だとあって、竹を切って節をぬき、それを寝床から庭まで通して用を足すのだが、本人はうまいことを発明したとばかりに大得意なのである。

この家では田舎の雑貨を商っているが、この老人、たまに店番をさせられる時もある。すると、往来を背にして奥に対《むか》って坐る。往来の人たちから挨拶されるのがうるさいからだそうだ。

それから今一つ、朝飯だけは決して床から起きて食べない。田舎のことで、朝はみな早く起きるのだが、この人は日が高くならなければ起きてこない。それで女中に膳を運ばせて、枕頭でたべる。食べてしまうと、また一寝入りしてから、やっと舟の下へ陣取る。結婚したときに、妻君にこの結構な習慣を強要して、和合ぶりを発揮しようとした。ほど経てこの人が語るところが揮《ふる》っている。『うちの女房も、初めは厭がったが、この頃では一緒に食べるようになったよ』だとさ。だからこの地方では、病気などになって、床の中で食事をすると、『正吉爺さんみたようだ』といっている。これこそ本当に日本一の物臭太郎であろう」――（雑誌キング）

126　芋虫や蜘蛛《くも》を平気でペロリと食べる世界的悪食家

【昭和二年十月】

ある日、小石川区駕籠町〔文京区本駒込二・六丁目〕の栄養研究所へ、田舎者らしい洋服男が訪問して、所長の佐伯博士に面会を求め、

「博士は食べ物の研究家だと聞きましたが、私はなんでも食べます。蝶でも蛇でも、ムカデでも、千六百種ぐらいは食べてみました」

という話なので、大抵なことには驚かない博士も、これにには度肝を抜かれて、

「とにかく実験しましょう」

ということで、その日は別れ、いよいよ同月二十九日午後零時半から、同所で悪食の実験が行なわれることになったのであった。

「記者も、おそるおそる立ち会って拝見。この男は宮城県伊具郡桜村〔角田市佐倉、梶賀〕農熊谷政治（三六）、色浅黒くちょっとおとなしそうな農村民らしい風態の持ち主、

『ちょうど昼時なので、お腹が空いているから結構だ』といいながら、持参の柳ごり〔行李〕の弁当のふたを取ると、まずその中から長さ二、三寸の緑色のひょろひょろした芋虫をつまみあげてペロリ、『こりゃ、季節物なんで、今が食べ時、実に美味しいですよ。うまいうまい』とたちまち平らげ、お次はみの虫、黒い不気味なクモ、それから貝殻虫の子、紋白蝶、それからカブト虫の幼虫にワラジ虫を食べ、最後に生きたムカデを食った。

立ち会いの佐伯博士以下一同、青くなったり赤くなったり、試食は終わったが、当人の曰く、

『私がこんな物を食べるようになったのは、明治四十四年〔一九一一〕のこと、父から日本は食料が不足だから、何でも食う研究をしろといわれて発奮したんだ』と、もっともらしいことをいっているが、佐伯博士は来月二日、この男の食物について学問的研究の結果を発表することになった」――（東京日日新聞？）

なお、右の悪食研究家熊谷氏は、その後、栄養研究所の嘱託になったとみえ、翌年の新聞に、次のような記事が載せられている。

【昭和三年六月十五日】

「世の中にあるものはすべて神様が人間に食えといって造っておいて下さるもので、あれは食えぬ、これは食えぬなどとは贅沢の沙汰だと、木の皮であろうが、虫であろうが、手当たり次第に喰っている栄養研究所嘱託の博物試食実験家熊谷精道氏は、近くこの月なかば登山家の食糧問題解決のため一品も食糧を携帯せず、日本アルプスその他の高山踏破を行なうことになった。すなわち行く先々で、目についたものを片っ端から喰っていこうというのであるが、氏は山で食料を失して困った場合の心得として、二、三の経験談を次の如く語られている。

『まず裾野から中腹までの食物になる草木は、虎杖《いたどり》、山人参、桔梗、大ばこ、うば百合、矢車草、おげな草、瓦松葉。中腹までのは、楢、胡桃《くるみ》、樫、楡《にれ》、もみ、桂。中腹より高所までは、きそちどり、小山かたばみ、おさば草、姫はりい、車百合、ねばりのぎらん、あすなら、しゃくなぎ、こめつがなどで、頂上は、もみ手、落葉松、かまど、深山《みやま》の榛《はん》の木、しなのおときり、うら白、白しゃくなぎ、黄花しゃくなぎ、黒百合で、これらはみな、食塩とともに食せば大丈夫で、もし食塩を用いすぎて、咽喉《のど》が乾きすぎるといけないので、砂糖を共用します。また昆虫や爬虫類では、中腹までは、蛇、百足《むかで》。中腹より上は、バッタ、蟋蟀《こおろぎ》、ハダカ虫の幼虫、毒蛇は頭さえ食わねば大丈夫です。もちろん喰べたって少し苦い程度で、大したことはありません。蛇の類としては、山かがし、ひばかり、縞蛇、青大将、しろ斑《まだら》、地むぐりなどです。これらが万一の場合は喰われるものだということを知っておくことは肝要です。普通の人々がなぜそれらを恐がるかというと、中毒する場合があるのを予知するからですが、しかし塩さえ用いれば当たるものではありません』と。因みに熊谷氏の不段の健康法を述べると、間食は絶対にせぬこと、含嗽《うがい》を一日に四度、寝る前に手足を洗うこと、季節物を食して、温室ものや、はしりは喰わないこと、食物を一定することなどで、これは大いに学ぶべきところがある」――（都新聞）

127　四歳で十三貫目、大人並みに飯を食う怪童

【昭和二年十一月】

生後八ヶ月で、身長三尺六寸五分、体重十三貫目五百二十匁《もんめ》、米一俵を積んだ大八車を二、三歩ひっぱるという、稀代の怪童があらわれた

名は春雄君、千葉県市原郡五井町玉前七五四（市原市玉前）の半農半漁業の時田安蔵（四五）氏の五男、大正十三年（一九二四）三月十日、今年三十九歳の母えよさんのお腹からこの世に出たのである。生まれたては普通の赤ん坊であったが、三月目にはどっしりと重味がつき、背負いきれなくなったという。

春雄君は、もう三度三度、大人と同じぐらいに御飯を食べる。大人といっても都会

の人と違う、田舎のお百姓は五郎八茶碗に四、五はいである。肥《ふと》っている春雄君は、苦しそうに息をせきながら呼吸している。

風呂に入るのや、夜の寝起きや、夜便所へ行くには二人がかり、近所の子供と喧嘩することがあるが、五、六人一度にかかってもとばされてしまう。身体が重いとみえて、一日に二、三回しか歩かない。六、七間ばかりの隣家に遊びに行くと、帰りには歩けないという。

子守役はお祖母さんだが、お菓子をせがまれて、やらなかったら押し倒されてしまうほどである。

噂によると、大相撲協会の綾錦に弟子入りすることになったそうである。――（東京日日新聞）

128　深刻な生活難から女装して白粉《おしろい》を塗る男

【昭和二年十二月】

女の方が気楽に世が渡れると、男性をサラリと捨てて、髪を伸ばした女姿、生活難にまつわる世相を語る変態的な哀話である。――年の暮れの新聞記事から、それを拾ってみた。

「人間思いつめると、なにをやるかわからない。とうとう彼は女になったから……

東京深川富川町〔江東区森下三―五丁目〕××木賃宿のおなーちゃんは女に化けて水もくめば飯もたく、ふき掃除から洗濯から、もう何もかも女の手仕事は水も漏らさずやってのける。ひともし頃ともなれば、四十づらに剃りをあて、その上にベットリと厚化粧、髪も結ったり、紅もつけたり、言葉の端もいとしなしなと、すそさばきから足も内股チョコチョコ走り『お泊まりはいかが……』なんて、黄色い声で客引きまでやってのける。

おなーちゃんこと山本直三（仮名、三八）は、男が嫌になったのである。男であればこそ、カカもガキも養ってゆかねばならぬ。この頃の不景気に朝から晩まで飛び回ったところで、男である彼にどれほどの収入があったか。『ええままよ、女にでもなったら、第一、気楽でいいだろう』そこで彼は女装したのである。そして、男の時より何もかも幸福になったのである。

もう一つ――もとの名不詳、いまの通称うめちゃん（二八）は、近頃までこれも富川町××木賃宿の二階で、本物の女房と暮らしていたが、女房をたたき出して女となった。

昔は旅から旅へ草水のように流るる田舎芝居の女形であっただけに、これは本物の女よりも美しい。今は浅草橋近くへ出没して、アメ売りをやっている。手ぬぐいを姉さんかむりにして、トテトテテトテと師走の風に吹き流す彼のチャルメラの音を慕いよる町の子供に、『おばちゃん、おばちゃん』と気受けがいい。『これじゃどうでも女は止められねーや』……せりふもどきに、おうめちゃんはほくそ笑む。『どうです、おなーちゃんとやら……』買物に出るところを呼び止めると、『あら、このふと（人）はまあ恥ずかしいわ』写真機を見て逃げ出したが、とても及ばず男の本性あらわして、『ササどこからなりと撮ってくんろ』パチリ、彼はコップ酒をあおる、舌なめずって、グッとのみほす、そのうれしそうな手付き、目、顔、……男の世界は惨たる風の吹く年の瀬……」――（報知新聞）

129　妊娠の身で月経のある、子宮を二つもつ女

【昭和三年六月】

その頃、九大附属病院産婦人科へ「いくら診察をしてもらっても診断がまちまちでわからないで困る」といって、山口県から診察を受けに来た三十歳位の女があった。その女は、当時妊娠していたのであるが、不思議なことに、毎月きちんきちんと月経があるので、同地方の医師は、子宮外妊娠であるとか、子宮のわきに瘤様のものができているとかいう、はっきりしない診断をしていたのであるが、一方、腹部はますますふくれてきて、どうしても妊娠の状態であるので、九州大学に診察を受けに来たのであった。

すると、九大産婦人科の木下医師が診察の結果、その女は、奇妙なことにも子宮が二つあって、その一方が妊娠し、既に五ヶ月を経ていた。そして一方の子宮から流経をみていることがわかった。

子宮の二つある女は、時々あるそうであるが、妊娠するということは、九大産婦人科でも初めてのことと珍らしがられたということである。――（大阪毎日新聞）

130　漁師を気絶させた、頭が四升樽ほどある怪魚

【昭和三年七月】

高松市花園町の漁師森本国松ほか一名が、二十三日午前七時ごろ、香川県木田郡古高松村〔高松市〕新川の沖合で釣をしていたところ、突然海中から四升樽ぐらいの頭をもたげて、釣船めがけて突進してきた大きな怪物があったので、二人の漁師は、あまりの怖ろしさと驚愕に、気を失って倒れてしまったが、その付近にいた漁師たちが、必死となってその怪魚を追撃し、ようやく捕らえたが、その怪魚の目方は約五十貫もあり、形はハート形で、長さは五尺、眼の玉は風船玉ほどもあり、一見海亀のようであるが、普通の亀とは全然違っていて、尾というものがなく、またオットセイのように指も爪もない奇怪な動物で、ただちに香川県水産試験場へ鑑定にとどけたというが、瀬戸内海はじめての怪物なので、見物人は山の如く集まって、大騒ぎをしたというこ

とである。――(蒐集記録)

131 昭和御大典をめぐりて各地に現われた奇瑞

【昭和三年八月】

◆主基斎田《すきさいでん》の鳥居の杉丸太が青芽をふく◆――国家の瑞祥あらわるとて、三十日、福岡県斎藤〔守圀〕知事から、一木《いちき》〔喜徳郎〕宮相あてに電文がついた。すなわち、「主基斎田瑞祥の儀」というのであった。

御大礼御供用としての黒酒白酒のため、稲を奉る斎田に選まれた、同県早良《さわら》郡脇山村〔福岡市早良区脇山〕の主基斎田では、近く勅使参向《さんこう》の上、荘厳なる抜穂《ぬきほ》の式をあげることになっていたが、その斎田入口左側の杉丸太の鳥居に、地上八尺のところから青々した若芽がもえそめ、八分ぐらいにまでのび、なおますます生成してゆく有様なので、これは全くの奇蹟で、皇室国家の瑞祥限りなしと、喜んで申告してきたわけであった。――(東京日日新聞)

＊　＊　＊

【昭和九月十八日】

◆秋に植えたばかりの八重桜が花を開く◆――東京四谷花園町〔新宿区新宿五丁目〕の花園神社では、その頃富士のお山をかたどった築山《つきやま》をつくり、浅間神社をまつったが、その際植えた一樹の八重桜は、不思議にも秋風に蕾《つぼみ》がふくらみ、枝頭点々と花をほころばせ、春のおもかげをしのばせているのであった。

「木花開耶姫《このはなさくやびめ》を祀ったところであり、かつ御大典やその他おめでたい年で、まことありがたい瑞祥と存じます」

と、神主さんも大喜びで、講中一同もいたくありがたい奇瑞をたたえて、その木の根には七五三縄《しめなわ》をはりめぐらして、神木とあがめていたという。――(東京日日新聞)

＊　＊　＊

【昭和十月十二日】
◆稀な瑞鳥白雀があらわれる◆――山梨県北巨摩郡日野村〔北杜市長坂町日野、富岡〕の小村増平氏方に、ある日、純白の小鳥が舞いこんできたので、それを捕らえたが、いかにも珍らしい鳥なので、科学者に鑑定してもらうと、それは世にも稀な白雀であるということがわかったので、早速その瑞鳥を剝製にした上、御大典の奉祝奉献品として、十二日に献納したということであった。――(東京日日新聞)

＊　＊　＊

【昭和十一月十三日】
◆御大典の期とともに鶴がますます殖える◆――古くから、鶴の棲息として知られている、山口県熊毛《くまげ》郡八代《やしろ》村〔周南市八代〕へは、その年もシベリヤ方面から、ナベ鶴が続々とんで来たが、御大典の期が近づくとともに、不思議やだんだんその数を増し、十一月中旬近くには、珍らしくも百五、六十羽の多数を算するに至った。御大典の瑞兆として、鶴の見物人が押すな押すなの賑わいを呈しているという。

――（蒐集記録）

132 膝や肘がすべて反対にまがる不思議な奇児

【昭和三年九月】

人間の膝は、後ろへまがるのが普通であるのに、それが前に折れかがみ、肘関節もまったく反対にまがるという、医学界でも稀な奇妙な畸形児が、同月九日午後、年若い母にともなわれて岐阜県立病院へ手術を乞いに来たのであった。

その不思議な畸形児は、岐阜県羽島郡笠松町、山田伝三の三男伝一（仮名）一歳といい、生まれ落ちると世にも珍らしい不具者なので、両親は不憫に思い、その前、愛知医大〔現名古屋大学医学部〕を訪うて診察を受けた際、

「引き受けて治してみよう」

ということであったので、両親も喜び、今度県立病院を選んで手術を受けに来たのであった。X光線にあてて写真にとった外科長の小林博士は、

「お気の毒だが、私には手にあまる患者だから、保証された病院へおいでなさい」

と、懇《ねんご》ろに諭《さと》して引きとらせた。右につき同博士は、
「X光線にかけたものを写真にとってみたが、膝関節の丸い骨が発育不完全で、あるかないか見分けにくい程度で、まったく珍らしい患者だ。手のほうの折れ曲がりが、普通の人とは逆にできている。こんなのは治りにくいので、私は手術を断わりました」
と語ったという。――(大阪毎日新聞)

133　山形で猿軍とクマ鷹軍が大合戦をした話

【昭和三年九月】

山形県最上郡大蔵村の永松鉱山坑夫阿部某《なにがし》が、十二日朝、北村山郡へ通じている山道にさしかかると、一本の大檜の枝に、一匹の大猿が、天の一角をにらんで牙をむいてうめいていた。その眼の上の大空にはクマ鷹が四羽、悠々輪をかいて飛び舞っていたが、そのうちの一羽は、一匹の小猿をつかんでいるのであった。なお、檜の根もとには、五六十匹の猿が、牙をならしながら、啼きさけんでいる。

通りかかった阿部某も、あまりの物凄い光景に、そこを通り抜けて行くことができず、余儀なくじっと佇《たたず》んで眺めていると、やがて、空のクマ鷹軍と、地上の猿軍との間には、はげしい乱闘がはじまり、羽ばたきの響き、樹上を飛びまわる猿軍の叫び、しばしはすさまじい争闘がつづけられたが、その空と地との合戦はおよそ三時間にお

よび、のち遂に猿軍は敗北してしまった。

合戦の原因は、クマ鷹が一匹の小猿をさらったことから、大猿の憤激となり、ついに鮮血を流す、物凄い戦闘となったものらしく、稀有の珍らしい事件であった。——（蒐集記録）

134 八年間笑い通して死んだ大黒様のような人

【昭和三年九月】

四百四病のそのなかで、これほど奇妙な病気もあるまいし、ことに日本では最初だという奇病患者が東北帝大の附属病院熊谷内科へ入院していた。

この病気は、脳病の一種で、笑いをつかさどる神経のみが働いて、他の神経が衰弱するため、朝から晩まで、いや睡眠中まで顔面が絶えずニコニコ笑っているという病気である。

始終笑っているという笑い病は、病気のなかでも果報病で、その患者は病院内での大人気者となり、「大黒様」というアダ名をつけられて可愛がられていたが、しかし、不幸なことに、笑いの継続に正比例して、その生命は日一日と縮められ、筋肉を司る脊髄中の器官が、脳髄下垂とともにそこなわれ、そのため笑いながら筋肉は、所かまわず年月を経るに従って消失し、のちには文字通り骨と皮ばかりとなり、ついには舌までなくなってしまった。そして、薬石の効もなく、笑いながら大往生を遂げたのであった。患者の名は佐藤悌（二七）といい、入院したのが八年前の十九歳、そのあいだ小止みもなく笑い通したのであった。笑う門には福来たるともいえない場合がある。

――（報知新聞）

135　頭の毛をむしって食べる不思議な美少女

【昭和三年十月】

横浜市神奈川区青木町の横山はな子（仮名）という十七歳の美しい娘は、不思議にも毛の類が大好物で、頭の毛までむしり取って食べなければいられないという奇病の持ち主である。

このため、食べた毛が胃にたまってしまい、食べた物が腸のほうへ通らないので、水ばかり飲んでいたため、すっかり衰弱してしまった。

両親も心配して、一月ほど前に市立十全病院に入院させた。病院では胃を切開して毛を取り出さねば治らないというので、十月一日、院長片山博士以下、外科医全部立ち会いの上、小島医学士が手術したところ、これは不思議、胃のなかから胃内腔と同じ形をした、タテ四インチ、ヨコ三インチ、重さ百十三グラムの毛塊があらわれた。手術後の経過は良好で、同月九日、無事に退院したという。

なおこの奇病は、医学上、ツリコベツアール（胃内毛塊病）というもので、世界でも稀有のものであるといわれている。

手術した医学士の談話として、

「患者は幾分癇が高く、絶えず頭髪をむしって食べるので、家人も注意していたが、二ヶ月前、かもじとメリンスの風呂敷とを食べてしまったので手術せねばならなくなったのです。極めて珍らしい病気なので、近く医学界へ発表しようと思っています。よくヒステリー性の人に、土や木を食べる人がありますが、毛を食べる患者は絶無といってもよい。全快してかえりましたが、毛を食べたがるようですから、よく注意してやりました」――（東京日日新聞）

◆ピンや針金などの金属類を食べる女◆＝＝これは外国の話であるが、前記「毛を食べる女」と対比して、すこぶる興味ある話と思うので、ここに記す次第である。

【昭和三年六月――国民新聞、海外通信】

人間の嗜好にもいろいろ変わったものが多いが、これはまた、鉄類とかガラス類を食べるのが大好きだという女がカナダに現われて、目下アメリカやカナダ医学界の大問題となっている。

この女は少し精神病者で、数年前からいつも金属類をうまそうに食べては大いに満腹しているので、家人が心配のあまり一九二六年、X光線の診察を受けさせたところ、胃の中には安全ピンや針金やボタンが山のように入っているのを発見した。しかし、この女は平気なもので、身体にも何らの異状が発見されなかった。ところが、その後も相変わらず金属を食べて喜んでいるので、とうとう激烈な疼痛を訴え出し、最近、大手術の結果、ようやくこれを出したが、その取り出された金属物の数は全部で二千五百三十三個。その内訳は、ピンが九百四十七、針金八百六十五、ガラスのかけら百九十一、安全ピン百七十六、その他、銀貨、銅貨、鍵、ペン先などがあらわれてきたのには、医者が二度びっくり。どうして生命が保たれていたのかと、研究中であるという。

136　耳が六つ生えている世にも奇妙な三毛猫

【昭和三年十月】

東京小石川区青柳町〔文京区音羽二丁目、大塚二丁目〕の立春堂近藤某という骨董やさんの家に、世にも珍らしい六つの耳をもつ雌の三毛猫がいるので大評判になっていた。

この三毛猫は、その年の四月に、白二匹、黒ぶち一匹の兄妹といっしょに生まれたが、お母さんの猫は、世間並みの三毛であるが、その生まれた三毛の仔猫は、生まれ落ちると間もなく、両方の耳のつけ根から反対に二番目の耳が一対後ろむきに生え出し、一寸二、三分にのびたが、その後九月になってから、両顋《あご》の辺りからさらに第三番目の耳が、一対生え出して、五分ぐらいにのびたのであった。

その猫は、ごく可愛らしい顔つきで、その家の主人が物を投げると、すぐ口にくわえて、主人の膝へ持ってくるという悧巧もので、一家中からも可愛がられているし、耳が六つもあるというのが評判になって、毎日、猫見物のお客様が大勢押しよせてくるという有様であった。——(東京日日新聞)

137 野や山でも便所のなかでも眠りこける奇童

【昭和三年十月】


岩手県二戸郡荒沢村(八幡平市北東部)の線路工夫村山友吉(仮名)の末子で忠雄(仮名)十歳というのが、その年の七月はじめ頃から、山や野に遊びに出たままコロリと転がって、どこでも眠ってしまうので、近所の人々を驚かしていたのであったが、同月のなかごろから、歩きぶりが変になって、ともすれば倒れそうになり、暇さえあれば昏々と眠りこけてしまい、十分眠ってしまうと、ケロリと覚めて元気が出てくる。そのうち月末になるにつれて、一回に二時間ずつ、一日に三、四回も眠るようになり、食事中でも、また便所のなかでも、委細かまわず眠ってしまうのである。

ことに面白いのは、お膳の前に坐って食事中の時など、ちゃんと茶碗をおいて眠るが、便所の時などは、自分であらかじめ天井から紐を吊るしておいて、落ちないように自分の身体を縛りつけ、コンコンと眠るが、一時間半も眠って眼が覚めると、紐をといて平気な顔で出て来る。そして、眼が覚めているときには、頭もはっきりしていて、飯もよく食べるという、奇妙な病人である。

あまり不思議な病気なので、同月末、盛岡市の赤十字病院小児科へ連れて行って治療を受けることになったのであった。

この奇病は、世界にも一度か二度よりないという発作的嗜眠病という奇妙な病気であることを、沢西学士が発見、医学的興味に燃えて研究に没頭し、十月二十一日同市で開催された、東北帝大主催の東北医学会に、右研究の一部を発表されたのであった。

――（大阪毎日新聞）

138　インド・エジプト産の大ミミズが石川県に現われる

【昭和三年十月】

インドやエジプトにのみ産するモニリガスターと称する珍らしい大きなミミズが、石川県河北《かほく》郡八田村〔金沢市八田町他〕から発見されたので、東北帝大理学部畑井教授は、同地に出張して多数のミミズを採取して、十月二十九日、仙台へ帰った。

このミミズは、胃ぶくろが、他種と異なって三つないし九つもある不思議なもので、長さも三尺から五尺位もあり、太さは親指大のものが珍らしくないという。――江戸時代に丹波にあらわれた一丈余の大ミミズには及ばないが、現代にあっては、珍らしく大きなものである。なお同教授は、「八田ミミズと称されているが、インド、エジプトから、どうして渡ってきたかわからない。あるいは、かの地のそれとは、全く関係なく発生していたのが、学界にわからなかったのかもしれないから、系統その他を研究して、十分に明らかにしたい」と語っていたという。――(東京日日新聞)

139　右手が始終、風車のように回転し続ける女

【昭和三年十一月】

東北帝国大学附属病院の加藤内科に、右手が風車のようにクルクル回るという、世にも不思議な奇病患者が入院した。

その患者は、掌を八手《やつで》のようにひろげたまま、朝から晩まで、急速度で回転をつづけ、もし止めようとすると、かえって反対に急激な速度で回転をし出すのである。ただ、睡眠中だけが回転を中止するという奇妙な病気である。患者は同病院で働いている、吉田ちの(仮名)五十一歳という小使の婆さんであった。

この風車のような奇病は、「震顛舞症」といって、脳髄中の運動をつかさどる器官

に故障を生じたものである。しかし、現在の医学では、到底治療の良法がなく、自然に治らない限り、死ぬまで右手は回転をつづけるであろうとのことであった。――（蒐集記録）

140　男湯の常客、いなせな若衆が女だった珍談

【昭和三年十二月】

去る六月ごろからのこと、芝区新網町一の二五（東京都港区浜松町二丁目、海岸一丁目）桜湯に、久留米がすりの股引《ももひき》に印半纏《しるしばんてん》姿の、いなせな装いをした二十八、九に見える魚屋の若衆が、毎夜のように銭湯へ来て、男湯にザンブと入り、お客の誰彼と世間話をしていたが、身体の格好から物腰が、どう見ても男としては怪しいふしがあるので、番台で注意していると、それはまた全くの女であることが判明した。

番台も、女が男湯へ入ることは、立派に規則違反なので、非常に驚いて、翌日、その男装女子が、平気で男湯へ入ろうとするのを呼び止めて、

「あなたは女の方ですから、どうか女湯の方へ入ってください」

と、厳しくいってみたが、その女男は耳にも入れず、

「べら棒め、女湯なんかにへエられるか」

とばかり、相も変わらず男湯へ飛び込んでしまうのだった。これには、ホトホト番

台も困り、そのあまりに女らしくない、威勢のよさにいいまくられて、しばらくは大目にみているよりほかなかったが、そのうち、だんだんその女男の評判が立ってくるし、他の浴客も迷惑を感じるし、風紀上からも、知ってそのままにしていたことが、警察当局の耳にでも入っては大変と、心を痛めたあげく、そっと愛宕署へ届け出で、その女がお湯へ来たところを、警察へ連行して説諭してもらうことになった。

さて警察で調べてみると、その男装女は、同区金杉浜町一二三（港区芝一丁目、芝浦一丁目）の某という料理屋の女将で山村みゆき（仮名）といって、当時二十九歳、年頃になってから魚河岸に買い出しに行ったが、とかく威勢のいい兄イ連のなかでは、女姿では不便がちだし、自然控え目にせねばならぬとあって、ここに断然意を決し、早速ふさふさとした黒髪を切り捨て、当節流行のオール・バックにして「べラ棒めえ」をやっているうち、いつしかすっかり男の気分になり切ってしまい、銭湯まで女湯が嫌になったと、そこは女の殊勝らしく申し立て、「以後はキット改めます」と詫びをいって引き下がったということであった。——（東京日日新聞）

141　京都の大空に怪しい火柱が現われた奇異

【昭和四年一月】

十一日午後六時三十分ごろから、京都では、東南約三十度の空に、淡い色をした怪しい火柱があらわれ、およそ一時間半ののち、その火柱はだんだん薄れていって、八時過ぎになって全く見えなくなった。

これについて、京大の出本一清博士は、

「誠に不思議な天界現象です。私も人に教えられて七時前から観測をはじめたが、よほどたくさんな流星群が通った跡かと思われる。普通、流星の発する光は、二、三秒で消失するものだが、稀に大流星となると数分つづくものがあると記録にも見えているが、こんなに長く肉眼に認められることは恐らく空前のことでしょう」

と語ったという。とにかく、奇怪な火柱で、珍らしい空の異変であった。――（東京日日新聞）

142　犬が往来の遺失物を警察署へ届け出た話

【昭和四年二月】

三十一日の午後四時ごろ、東京池袋警察署の入口を、黒い風呂敷包みをくわえた、ポインター種の白犬が、あちこちとうろうろしていた。

同署の警官の一人が、不審に思って、おもてへ出てみると、その犬は尾をふって近づいてきたと思うと、その包みを警官の前に差し出すのであった。

そこで、その風呂敷を開いてみると、中から神田区錦町×丁目×番地〔千代田区神田錦町〕岡田某名義の二百十一円と百二十九円記入の簡易保険の証書が二通あらわれたので、警官もびっくりして、まず拾い主であるその賢い犬の身元を調べると、西巣鴨町〔豊島区西巣鴨〕池袋紙商某方のジャックという二歳の犬で、日頃主人の使いで買物に行ったりするので、評判ものであることが判明した。

この日ジャックは、池袋駅付近の古河銀行前で、その風呂敷包みを拾ったのであったが、犬がどうしてその遺失物を拾った際、警察署に届けるものであるかを知っていたかということは、まことに奇とするに足りるであろう。――(東京日日新聞)

143　十三年の永いあいだ風呂の中に入り続ける男

【昭和四年三月】

九州大学医学部皮膚科に、長崎県壱岐生まれの三十三歳になる奇妙な男子がいる。その人は、はじめ土地の中学を卒業するとすぐ、青雲の志を抱いて上京し、陸軍士官学校に入学したが、その後間もなく、頭と顔に水疱のようなものができ、それが次第に全身にひろがって、非常な痒痛を覚えるようになったので、遂に大正六年〔一九一七〕志をすてて帰国し、福岡の九大医学教授旭博士の診察をうけた結果、その皮膚病は、世界にも珍らしい悪性天疱瘡と診断され、それ以来同科に入院し、あらゆる手当てを受けたが、少しも治療の効があらわれないのであった。

この病気は、風呂にさえ入っていれば、堪えがたい痒痛をこらえることができるというので、そののち十三年という永い年月を、ほとんど風呂のなかで生活してきたのであった。

同人は、それが不治の病と診断された当時は、非常に悲観していたが、その後キリスト教を信じ、信仰の道に入ってからは、すべてをあきらめ、今はただ生きた標本として、望みなき日を風呂にひたりつつ読書三昧にわびしい、その日その日を送り迎えしているのである。右につき、博士は、

「悪性天疱瘡という皮膚病は、世間にも稀で、例がない非常に珍らしい病気で、わが国でも恐らくこの患者一人ぐらいであろう。患者には気の毒だが、現代医学ではそれを治す方法がない、全く不治の病とされている」と語ったという。――（大阪朝日新聞）

144　少年の瞼から胎児が生まれた稀代な珍事件

【昭和四年七月】

「処女生誕」以上の怪奇な事件に違いない。処女はまだ女であるが、これは十五歳の中学生から、しかも瞼のなかから生まれたというのであるから、さらに珍奇といえよう。

樺太豊原町〔ユジノサハリンスク市〕西七条南の、豊原中学生山本敏夫（仮名）十五歳は、

かねて眼病で、眼鏡を使用していたが、眼鏡の度が合わなくなったというので、その月四日午後二時頃、樺太庁病院に度を計ってくれと申し出でたので、奥田医官が診察してみると、左眼瞼の裏に腫物があるので、それを切開したところ、意外にもその腫物のなかからは、羊膜におおわれた、妊娠二週間ぐらいの大きさの胎児が出てきたのである。

顕微鏡で見ると、その胎児は、神経、歯、血管、毛髪、軟骨等をそなえているものであった。

こうした例は、かつて水尾（源太郎）博士が発見し、その後札幌医科大学の越智（貞見）博士が発見、医界に報告したことがあり、今回で三回目であるというが、たいてい眼底にできるのが普通であるのに、今回は瞼にできたので、わが国においても始めてのこととされている。

とにかく、自然の造物主は、随分といたずら者で、奇怪なものを造るではないか。

――（報知新聞）

145　夢のお告げで寺宝の鐘を五十年目に発見

【昭和四年七月】

永い間探しもとめていた寺宝の鐘が、夢の知らせでようやく見つかったという昭和の奇談がある。

静岡県富士郡柚野《ゆの》村〔富士宮市西部〕の三沢寺という寺に、維新の頃、同村の富豪清富太郎が、家運長久を祈るため寄進した梵鐘があった。不思議な奇瑞があるというので、寺宝とされていたところ、明治十三年〔一八八〇〕の春、どうしたことかその鐘が紛失してしまった。

その後住職は、いろいろとその行方を探したが、どうしてもわからなかった。すると、それから五十年を経たこの頃、ふとある夜の夢に、その鐘が、横須賀鎮守府の工場内にあるというお告げがあったので、不思議に思いながら、住職井上恵密師は、早速鎮守府長官に宛てて、こまごまと右の趣きを書いて、その調査方を依頼したのであった。

そこで、鎮守府の方で探索してみると、はたして工場内にその鐘が吊るされていたのであった。右の鐘は、明治十三年軍艦「迅鯨」を造るとき、全国から地金を買い集めた際、そのなかにまじっていたのであるが、同所では、鋳つぶすのが惜しいというので、その鐘を時報に使っていたものであった。

まことに不思議な話なので、鎮守府では特に住職の願いを容れ、寺宝を返すことになったということであった。――〔蒐集記録〕

146　珍らしや、足の生えた青大将が現われ出た

【昭和四年七月】

大分県北海部《あまべ》郡下北津留《しもきたづる》村〔臼杵《うすき》市〕の三島神社境内で、二十七日午後六時ごろ、五、六人の子供が遊んでいると、突然、傍らのハゼの木から、長さ六尺、胴回り四寸余の俗に青大将という蛇がヌラリとぶら下がって来たので、早速大勢して捕らえてみると、その奇怪にもその蛇には、尾から一尺二寸ぐらいのところに、二本の足が生えており、その足の先には、十二、三個の爪もある珍らしい蛇であった。

それを聞き知った村役場では、その蛇をアルコール漬けにして保存することにしたが、毎日、見物人で大賑わいを呈したということである。――〔報知新聞〕

147　母子心中をしたカンガルーと猿の母性愛

【昭和四年九月】

『日本猟奇史』の江戸時代篇のなかには、死児を抱いて母子心中をした、猿の母性愛奇譚を記したが、近代昭和の世にも、それに似た話が伝えられている。

「不貞の母よ女よ！　獣に愧《は》じよ」という見出しで、新聞紙が日比谷公園の動物園に起こった涙ぐましい奇話を報じている。良人《おっと》から家庭から、そして子を捨てて恋人に

走り、三角関係などという流行語が辞書にあらわれてくる、時代思潮史や風俗史の裏に、こうした奇譚の存在していたことを、記録しておくことを忘れてはならないと思う。

それは九月の初めのある日のことであった。日比谷公園内の動物園にいるカンガルーは、折から妊娠中で、しかも臨月であったが、その日突然、上空にあらわれた飛行機の爆音に驚いたか、急に早産してしまったのである。そのため生まれた子は死んでいた。

母のカンガルーは、上空を飛ぶ、恐るべき空の怪物から、わが子を守ろうとするためか、あるいはその死を悲しむあまりのためか、彼女はその死んだ子を、例のお腹《なか》の袋に入れたまま、狂ったようになって、金網や柵に自身の頭や体を打ちつけて、とうとう血まみれになって悶死してしまった。そして悲惨な母子心中をとげたのであった。

また、前年の、年も押しつまった暮のことであった。

やはり日比谷の動物園にいた愛嬌者の猿が初産をしたが、どうしたものか不幸にも、その赤ん坊は死んでいたのである。

母猿は、その愛児の死を見て、憫《あわ》れにも気が狂ったのであった。彼女は、それからというもの、何一つ食べようとはせず、十二日間じっとその死児を抱いて、頬ずりをつづけながら、ときどき悲痛な叫びをあげていた。それはおそらく、狂った彼女の子守歌であったのであろう。

これを発見した園丁が、その死児を取り出そうとして、柵内に入ると、母猿はその死児を渡すまいとして、夢中になって園丁を引っかき、傷を負わせたほどであったという。——(報知新聞)

148　頭は犬、顔は人間で尾は人魚のような怪魚

【昭和四年九月】

六月以来、高知県宿毛《すくも》港外の漁場を荒らしまわる怪物があるので、大島漁業組合その他では、県に捕獲願いを出して、これを捕らえようとあせったが、怪物は全く神出鬼没で、なかなか捕らえることができなかった。

天気のよい日など、その怪物は、海中の岩の上などに腰をかけ、人を愚弄するような様子を見せたりして、あたかも魔の如く、近よればただちに海中に姿を没して手におえなかったが、十九日午後十一時頃、宿毛町〔宿毛市〕大島漁業組合員が、今日こそ捕らえんものと大島へ船をのり出し、鹿岬付近で怪物を発見したので、すぐさま網を張りまわし、ようやくのことこれを捕獲したが、その怪物は、頭は犬に似て、顔は人間のようであり、尾は魚という、奇々怪々なもので、目方は二十貫目以上もあり、人々は人魚だと噂しあったという。——(報知新聞)

149　頭が二つ、胴は蛇のような夜光を放つ怪物

【昭和四年十月】

秋田県能代町〔能代市〕の能登某という漁師が、下能代潟で引網をしている際、頭が二つあって、胴は蛇に似てウロコがあり、尾は鰻《うなぎ》のようでヌルヌルした、長さ四尺、胴回り七寸、夜になると光を放つという不気味な怪魚を引きあげた。かつぎ屋の漁師たちは、龍神様のお使いだといって、酒などを飲ませて大いに歓待していたが、県当局では、あまり奇怪な動物なので研究材料にすることになったそうである。――〔報知新聞〕

150　十五歳の女が男に変わった不思議な珍訴訟

【昭和四年十月】

函館市〔小樽市?〕潮見台の下島三造次女チヨ（仮名）十五歳は、出産当時は立派な女性であったので、女子として市の戸籍課へ届け出で、その年まで女子としてとおってきたのであったが、途中で両性になり、最近に至って男となってしまったので、十四日にチヨは父三造とともに戸籍課を訪れ、

「どうか、娘を男に変更してください」

と願い出たが、戸籍課でも、これには困り、権限が違うからというので、改めて函館地方裁判所で性の鑑定をやることになったという。

江戸時代、尾張の二十五歳になる娘が、急に男となったという話を、奇怪な事実として半信半疑でいたが、これによって、その事実が裏書きされたものといえよう。

――（報知新聞）

151　霊夢を信じて二十七年間、宝掘りを続ける

【昭和五年二月】

奥州栗駒山のほとりに、三十年前に見た、不思議な夢のお告げを信じて、浮世を外に宝の山を掘りつづけている、変わったお爺さんがいる。

そのお爺さんというのは、今から八百年前、奥羽一帯に覇をとなえ、平泉館《たち》にあって栄華を極めたという、時の鎮守府将軍陸奥守藤原秀衡《ひでひら》の後裔で、宮城県栗原郡尾松村大字館前〔栗原市栗駒栗原付近〕に住む藤原彦七（六五）という大工さんである。

三十三歳のとき、ある夜の夢に、摩利支天《まりしてん》があらわれて、

「お前の家の裏山には、先祖秀衡公が軍資金として埋めた宝物や黄金が、今でもそのままになっているぞよ」

とのお告げがあった。その不思議な霊夢を信じて、爾来三十年近く彦七爺さんは、

毎日ちゃんと羽織袴を着用して、体を清めた上、宝掘りの仕事に根気よく従事しているのであるという。

すでに、三千円からの費用を投じ、その発掘場所は、六尺四方、深さ百尺の大穴となり、水が溢れ出したので、二十馬力の発動機まで設置し、排水を行なうとともに、掘削を大規模に拡張し、昭和の金掘り爺さんの評判を、いやが上にも高めているのである。

彦七さんは、訪問した新聞記者に対し、次のように語っている。

「私は摩利支天のお告げを信じ、三十九の時から掘りつづけています。百尺ほど掘った頃から、穴の奥底から、美しい鶏の鳴き声が聞こえ出し、その声はだんだんはっきりと聞こえて来ます。これは私ばかりではない、たくさん聞いた人がある。ありそうもない宝を掘るに金を使うというので、気狂いだという者もありますが、私はこのとおり正気です。十年前に五寸四方位の『風土記』らしいものを掘り出し、その頃から赤い金水がわき出してくるし、自信があります。金売り吉次時代からの伝宝もあるし、家業で貯めた金もまだ相当あるから、私は誰がなんといったって必ず宝物を掘り出し、世間を驚かしてみせます。掘り出したら全部を国家に捧げるつもりです」——（報知新聞）

152　横須賀海岸に打ち上げられた二間半の烏賊《いか》

【昭和五年四月】

神奈川県横須賀地方は、二日の未明から非常な暴風で、海上の風速二十米《メートル》を突破したので、海軍側では各艦艇に非常警戒を発したほどであった。

そのため、同日午前八時半ごろ、当時開催中の「海と空の博覧会」観覧のため、横須賀へ来航する観客約二百五十名を満載して東京霊岸島《れいがんじま》〔隅田川河口右岸〕を出発した、東京湾汽船の橘丸（四五〇噸《トン》）は、午前十一時横須賀海岸に着いたが、激浪のため乗客をおろすことができず、再び沖合に出て、そのまま浦賀港に回り、午後零時十分ごろ、かろうじて乗客を陸揚げしたという、みじめな光景を呈するほどの暴れ方であった。

この烈風の最中、浦賀大津〔横須賀市大津町〕九八三地先の海岸に、異様な怪物が打ち上げられているので、付近の者が驚いて、よくよく見ると、それは、足の長さ一間半、全長二間半、胴幅三尺という、世にも珍らしい大烏賊《いか》の死んだものであった。

——（時事新報）

その後、同月七日の夕刻、神奈川県久良岐《くらき》郡金沢町〔横浜市金沢区東部〕の漁師久保寺宗吉（四三）が、横須賀沖に出漁中、またも珍らしく大きな、一丈五尺という大烏賊

を生捕りにしたので、付近の大評判になった。――（時事新報）

この二疋の烏賊は、夫婦でもあったのであろうか、江戸時代に江の島で捕れた九尺の大烏賊のことが、随筆『諸国里人談』に記録されているが、昭和の烏賊はさらにそれに倍して大きなものであった。

153　死んだ女房がお通夜の晩にいなくなった

【昭和五年四月】

福島県郡山市中江堀養蚕教師某の妻たき（仮名）四十八歳は、一ヶ月前から病気治療中、十四日午後十一時ごろ死亡したので、親戚たちや付近の者が集まり、通夜をしたが、十五日午前二時すぎ、一同がウトウトと居眠りをしている間に、不思議や死人をねかせておいた蒲団は藻《も》抜《ぬ》けの殻となって、死体が見えなくなったので、大騒ぎとなり、ただちに郡山署に捜査願を出すとともに、居合わせた三十余名も付近の大捜査に努めたが、なかなか発見されなかったという、奇怪な事件が起こった。

死人が蘇生して迷い出たか、とにかく珍らしい奇異な事件として、大評判になったものである。

――当時、そのたきの良人《おっと》某は、

「妻は常に便所へも行けないほど衰弱していたが、遂に死亡し、死体は午前二時ごろまで見えていたが、三時ごろ不明となり、驚いて捜しているが、表戸の鍵をはずしてあるところから、生き返ってどこかへ出て行ったものと思います」と語った。

また、死亡診断書を書いた医師は、

「本人はいったん死んだことは確かだ。病気は数年前からの慢性神経衰弱で、極度に衰弱していたから、歩いたとしても一町ぐらいがせいぜいであろう」と語り、さらに、当時の県衛生課長は、

「それは仮死の状態だったのだろう。蘇生して、恐らく夢遊病者のように、もうろう意識であろう。本当に生き返ることも稀にはあるが、とにかく珍らしいことだ」と語っていたということである。――（時事新報）

154　昭和の現代に男の産婆のいる地方がある

【昭和五年六月】


江戸時代から「取り揚げ婆さん」といって、「取り揚げ爺さん」という言葉は、辞書にもないように思われる。あっても、それは変則的なものに違いない。赤ん坊を産ませる仕事をするものは、必ず女に定《き》まっていたことで、またそうでなくてはならないことのように考えられる。

それが、文化の異常に発達した昭和の現代に、男の産婆、いや産爺さんがあろうと

は、ちょっと信じられないほどの奇怪な事柄ではあるまいか。しかし、事実あるのであるから不思議である。

「青森県南津軽郡藤崎町の藤本玄琢（七〇）というお産婆さんは、明治二十三年（一八九〇）から産婆の免許を得て営業していたが、このほど死亡したので、十七日、産婆名簿から削除された」

と、新聞が報道している。

――「取り揚げ爺さん」もいいが、それが「産婆」として許可されて立派に営業していたということが、すでに奇怪なことである。

なお、同県には、全国でも例のない「男の産婆」というのが二人あって、そのうち一人は死んだのであるが、なおもう一人は、東津軽郡小湊町（平内町《ひらない》小湊）の今田孫吉（六七）というのが残っていて、この産婆さん、ではない産爺さんは、すこぶる元気にな お営業をつづけているというのであった。――（東京日日新聞）

155　金色と銀色の眼を持った怪猫と怪犬の話

【昭和五年六月】

金と銀の眼を持っている昭和の怪猫が、高崎市で発見され、大評判となった。

その奇妙な猫は、高崎市北通町佐竹某方で飼っている「三毛」という三毛の牡猫で、まだ生後五ヶ月ばかりの子猫であったが、その両眼が金と銀との二色で、キラキラと輝き、暗やみでは、その眼の色がまるで炎のように見えるので、家人も不思議がっていた。

こういう猫は、見たことがないというので、町中の評判となり、見物人が押しかけて家人も困っていたという。別に普通の猫とちがったところはないが、どうして眼玉が金銀の色に光るのか、不思議がられていた。――（報知新聞）

この話とよく似た、昭和の怪犬というのが、その以前にあった。

【昭和四年六月】

千葉県市川町〔市川市〕に栃木屋という料理屋があったが、その家に飼われているワン君ポチ（二歳）の眼は左が金色で、右が銀色燦然たる光を放つというので、大評判となり、その上、その眼の色が、夜になると赤と青の二色に変わって、とても美しいものであった。――（蒐集記録）

156 腹がへると暴れ出し、物を食べると治る男

【昭和五年六月】

腹がへると発作的に暴れ出し、握り飯を口に入れてやると、間もなくケロリと発作が治るという、奇怪な病人が、朝鮮の釜山府立病院〔釜山広域市医療院〕岸本博士に診察

をうけた。

この奇妙な男は、以前、釜山税関経済調査課に勤めていた、当年四十二歳であったが、六年前にこの病気にかかって、それからというもの、毎日枕元へ握り飯をおいては寝かせておき、いざ腹がへってきて暴れ出そうとすると、大急ぎで家人が押さえつけ、その最良薬である握り飯を口のなかへ押し込んでやるのだという。まことに厄介にも不思議な病人である。

そのほかには、身体のどこにも別に変わったところもなく、病気の原因もわからないので、医師も頭をひねるばかりで、治療の方法に困却しているという。

握り飯が、唯一の薬とは、けだし天下一品の珍奇病というべきであろう。——（東京日日新聞）

157　乳房が九つある牝犬が猫の子を産んだ話

【昭和五年七月】


造物主のいたずらか、偶然の変異か、ともかく動物分類学上の鉄則を乗り越えて、犬が猫を産んだという、嘘のような事実があった。

横浜市鶴見区潮田《うしおだ》町二〇七八の料理店「にわの家」の愛犬丹羽、一名を「チビ公」というチンとテリヤの混血児である牝犬が、数日前、月満ちて二日間の陣痛になやんだのち、産み落としたのは、奇怪にも赤白の牝猫、つづいて産み落としたのが赤白黒の三毛猫であった。

同家の女主人をはじめ、産婆役として介添えについていた女中も、目をうたがって見なおしたが、その犬が産んだ子は、まさに猫なのである。

可愛いらしい姉妹の牝猫を産んだ母犬は、驚きさわぐ周囲の人を尻目にかけて、やさしくいたわりながら、お乳をふくませて育てているのであった。

この猫の子を産んだ、不思議な犬は、なかなかの悧巧もので、「チンチン」「ゴロリン」「いらっしゃい」などという、十幾つという座敷芸を覚えていて、ことに変わっていることは、鰹節の御飯に鳥肉が大好物で、それに平常から、まるで猫のような習性をもっていて、それまでに押入れのなかで、鼠を三匹も捕らえているという。

そして、いつも押入れのなかや、人気《ひとけ》の少ない、二階の静かな室が大好きだということであった。

なお、その牝犬の変わっていることは、乳房の数が九つあった。そして、産まれた、奇妙な猫の子は後ろ足の指だけが四本であって、爪もあり、毛色といい、泣き声まで、まったくの猫なのである。

調査研究の結果、その子猫の父親は、近所からよく散歩に来る、ブチの牡猫であろうということで、親子の対面をさせるため、その父親の捜索中であるということであ

ったが、とにかく、古今あまり例のない奇怪な出来事であった。──（報知新聞）

158　大阪城時代の抜け穴か、天王寺に奇怪な大穴

【昭和五年八月】

一日の午前は、非常な豪雨であったが、その際、大阪市天王寺区上本町の外国語学校（現大阪大学外国語学部）正門前の電車軌道東側に、東西二間、南北一間半ばかりの土地が大陥没を生じた。

その大陥没の場所は、地下五尺の箇所に、百貫目ぐらいの大石があって、その大石の傍らに、さらにまた東西一間、南北三尺の穴があいたので、市電当局では大いに驚き、その大穴に長さ二十尺の紐に石を結びつけて、吊り下げたところ、底にも達せず、底知れずの穴と判明し、さらに驚愕し、付近一帯を警戒するとともに、電気局のトラックを総動員して、砂利を運搬して、その底無しの大穴を埋めにかかったが、トラックに四十杯の砂利を投げ込んでも、たちまちに呑んでしまい、なお幾ら入るかわからないという始末であった。

この奇怪な、底無しの大穴については、付近でもいろいろな噂が立ったが、古老の話によると、豊太閤時代の大阪城天守閣から抜け出る秘密道で、馬に乗ったまま通れるという大きな穴であるといわれ、また一説には、茶臼山との関係から、大阪城の兵

糧倉だったともいわれ、さらにまた真田幸村が、茶臼山の家康の本陣を襲撃した際の、抜け穴ではないかともいわれていた。

なお、その日、午後一時頃になって、またまたその大穴の東一間ばかりの場所に、東西一間、南北三尺の穴ができた。

奇怪な、この大穴は、はたしていかなる謎を蔵しているのであろうか。――(時事新報)

159　昭和を代表する大男は七尺六寸余の朝鮮人

【昭和五年八月】

四日、京城《けいじょう》(ソウル)に世界的の大男があらわれた。朝鮮慶尚道の生まれで、全羅北道智異山革玄寺に十五年間仏道修業をした金富貴(三五)という坊さん。その身長七尺六寸四分、体重三十二貫二百匁《もんめ》、力士の名物大男出羽ケ嶽よりも高いことまさに一尺余、掌の大きなことはまるで団扇《うちわ》のようで、足もまた長さ一尺三寸、小舟のような靴をはいて街頭を行けば、小山のように群集が蝟集《いしゅう》するので、交通巡査がつききりで整理しなければ通れないという始末である。

京城で開かれる衛生展覧会へ招かれて来たが、その自慢の掌の型を紙に押して一枚幾らと売っている。そして、この世界的巨人は、食うこともよく食べて、一日三升五合でまだ足らぬというから驚かされる。――(報知新聞)

この巨人は、その年の末、東京へやって来た。

【昭和五年十二月十二日】

「十二日午後八時二十五分、下関発の二三等急行が、東京駅三番ホームに着くと、二等八号車のまんなか頃から、モソモソはい出すようにして出て来た大男が、ホームに降りると鼻をおっぴろげ、ネオンサイン輝く都会の空気を胸一ぱい吸い込んで、棕櫚《しゅろ》の葉のような両手をさしのべ、『アーア』と獅子の遠吠えのようなアクビを一つした。わが愛すべき金富貴君の、帝都初御目見得のステートメントは、これだった」と新聞記事は、その東京着を記している。

七歳の時に、父親に死別して、その父は身長実に九尺の大男であったという。ただし、母も兄たちも普通人だが、彼はその末子であった。

山から下りてみると、都の賑やかさにあこがれそめ、それに世間の人間があまり小さいので、この上は背高くらべ武者修業に志そうと、京城で十六インチのソフト帽をあつらえ、朝鮮、中国を回り歩き、日本内地に押し渡ってきたのであった。

「東京へ着くとすぐ一尺三寸五分の靴をパクつかせて、自動車に乗り、銀座裏カフェー『赤玉』で一休み、二人分の長椅子に狭そうに座りこみ、珍らしそうにあたりを見回す。簡単な日本語で『いいですな』位はやるが、山の僧らしく、黙々酒も煙草も絶対にのまず、慎ましやかだが、女給連には小さい名刺をふりまいて大はしゃぎだ。『出羽ケ嶽が六尺七寸ぐらいだ』というと、『ウン、では、おれが大きいな』と、うれしそうにほほえむ。カフェーの前は人通りもできぬくらいの大騒ぎとなった。……結局、珍らしそうに女給や銀座の夜を一瞥しただけで、『ああ、疲れた疲れた』と本郷区湯島天神町〔文京区湯島二・三丁目〕大野旅館に落ち着き、すきな野菜料理で夕食三升ペロリ。かれは『東京にしばらく滞在して金を集め、世界漫遊をして背高くらべをするんだ』という。夜は蒲団三枚をしいて、その上に大の字にぐっすり」

これが昭和巨人の、東京初見参の光景であった。——（東京日日新聞）

次に、御参考までに、わが国における、江戸時代以後の、最も大男として記録に残っている人々を、その身の丈順に記してみよう。なお、それは主として力士であるが、そのほかにも、もちろん、大男はあったわけで、たとえば南部信濃守家臣の石力雲蔵が、七尺五寸の大男であったなど、各藩中にはたくさんあったことであろう。

なお、次の表によると、昭和の大男金富貴は、文政年間〔一八一八—三〇〕の大空武右衛門に次ぐ、巨人であることがわかる。大いにいばってもよい。

江戸期以後　大男身長くらべ表

大空武右衛門	七尺八寸
牛股武右衛門	七尺六寸

生月鯨太左衛門……七尺五寸
明石志賀之助……七尺五寸
高麗山桂一郎……七尺三寸
鬼勝象之助……七尺三寸
釈迦岳雲右衛門……七尺一寸六分
鈴鹿山魂一郎……七尺一寸
武蔵潟伊之助……六尺九寸
出羽ケ嶽文次郎……（現存）……六尺八寸
山颪岳右衛門……六尺六寸七分
雷電為右衛門……六尺五寸
鬼面山谷五郎……六尺五寸
鷲ケ浜彦右衛門……六尺五寸
綾川五郎治……六尺五寸
白山新三郎……六尺四寸七分
大砲万右衛門……六尺四寸四分
西国市太左衛門……六尺四寸
対馬洋弥吉……六尺三寸八分

千葉岳　大五郎……………………………六尺　三寸五分
陣　幕　島　之　介…………………………六　尺　三　寸
太刀山峰右衛門……（現存）……………六　尺　三　寸
男女川　供次郎……（現存）……………六　尺　三　寸
谷　風　梶之助……………………………六尺二寸五分
小野川　喜三郎……………………………六　尺　二　寸

——（蒐集記録）

160　狐に化かされた産婆と少年の事実奇談二題

【昭和五年八月】

岩手県稗貫《ひえぬき》郡石鳥谷《いしどりや》村〔花巻市石鳥谷町〕に住んでいる、須々木きよの（仮名）というお産婆さんは、夜半に八幡村の某《なにがし》という家から、突然お産によばれたので、大急ぎで出かけたが、なかなかの難産で、いろいろ骨を折った結果、やっと男の子をめでたく分娩させた。それで十円礼金を貰って、その夜は帰宅したが、翌日見舞いに行ってみると、いくら探しても前夜お産に行った家がなかった。

近所では、狐のお産だろうとのことであったが、このお礼の十円は別に木の葉ではなかった。田舎のことで、家数のきまった村のことであるし、そう新しい人が移り変

わりするわけでないから、前夜お産に行った家が見つからないなどというはずはなく、全く奇怪な話であった。――(報知新聞)

【昭和五年十二月】

その年も押しつまった、暮の二十日の夜、宮城県栗原郡畑岡村(栗原市若柳)の太田光夫(仮名)十六歳という少年が、突然無断で家出して帰ってこないので大騒ぎとなり、近所の人々も力をあわせ、付近をくまなく探しまわったが、なかなか見つからなかったが、それから八日目の二十七日になって、ようやくのこと、同村大館という森林内で、木の葉をかぶり、七日間断食していたのを発見した。

家出の原因も別になく、これも狐に化かされたのだということであった。――(報知新聞)

161 蛇と蜂とが争闘して蜂が遂に勝った奇話

【昭和五年九月】

足利市の農業倉庫前にある、ポプラの木の上で、一匹の山カガシという蛇と、足長蜂とが、なんの原因からか、必死の大争闘を演じはじめた。

蜂はブンブンうなりを立てながら、一生懸命になって、蛇の眼をねらって飛びつこうとする。蛇はまた、尾をふるって、巧みに敵の襲撃をはばんで、一上一下、死にもの狂いで応戦していた。

こうして、一時間近くも争いはつづいたが、そのうち、蛇は眼をやられたので、ついに樹の上から墜落して、蜂の勝ちとなった。

この足長蜂、なかなかの剛の者で、その数日前にも、燕との大喧嘩をやったが、これも蜂の勝利であったので、付近の人々は、何かの前兆ではあるまいかと、しきりと御幣をかついで心配していたという。――（報知新聞）

162 交尾中の蛇を殺して全身に斑点の出た女

【昭和五年十月】

秋田県仙北郡中川村（仙北市南西部、角館町）の百姓仙田忠二の妻きくよ（仮名）三十六歳は、十月ごろになって急に顔や全身の皮膚に、蛇の肌のような不気味な斑点があらわれてきたので、良人《おっと》をはじめ家人は、医者はもちろん、神仏に祈願をかけて、その全癒を祈っているが、なかなか効き目がないので、痛心しているということであった。

このきくよという女は、九月のなかば頃、良人の忠二と一緒に、同村の北沢山に野良稼ぎに出かけた際、昔からの伝説として、八郎潟の蛇体の主が、八郎潟から田沢湖の主滝子姫に通ったという物語の伝えられている、その八郎潟の付近で交尾中の蛇をみつけ、それを惨殺した上、焼いて食べてしまったということがあるので、もしや、その蛇の怨霊の祟《たた》りで、そうした蛇のような斑点が皮膚にできたのではあるまいかと、村の人々は噂しあっていたという。とにかく奇怪な話である。——（報知新聞）

163　脱線や自殺者を誘発する東京駅の怪墓石

【昭和五年十月】

迷信だのなんのと笑う人もあろうが、こうした超科学的の不思議な事実が、現存しているのであるから、仕方がない。

「二十五日午前九時三十分、東京駅第三ホームの神田寄り末端で、時ならぬ読経の声がするので、物見高い乗降客連、何事ならんと寄り集まり、たちまち黒山を築いたが、右は京都の浄土宗大本山黒谷金戒光明寺大僧正邦芳随円台下一行三十七名の加行僧《けぎようそう》で、最近同所で発見された墓石にまつわる、脱線、飛び込み自殺等の不祥事に対し、供養を行なったものである。

同所で発見されたという墓石は、三年前どこからか運んできた土砂のなかに埋まっていたのを、二十日前、工夫が発見、グランドに運んだところ、同グランドでもまた運動競技中の青年が足を折ったり手を負傷する者が相次ぎ、東京駅構内にあったときには、いろいろな事故が頻発するばかりでなく、宿直駅員が夜な夜なうなされたりしたので、いずれも薄気味悪く思っていたのを、今度上京した前記大僧正が聞き込み、二十五日午前九時発ツバメ号で京都へ帰るのを、同十時発下関行急行に変更し、その一時間を利用して怪墓石の供養を行なったのである」——(報知新聞)

164 虹から伊豆大地震を予断した京都の青年

【昭和五年十一月】

同月二十六日午前四時三分五秒から三十分にわたり、丹那盆地を中心として、伊豆半島を襲った大地震は、実に大正十二年〔一九二三〕の関東大震災に次ぐ大強震で、激甚な被害と惨状とを呈したものであった。

この大地震に際し、その前日、すでに地震の襲来を予言し、かつ時間まで的中させた、不思議な若いお百姓さんがあった。まことに奇蹟のような予言であったが、当時、それが一お百姓青年の言であったため、確信されなかったことは、遺憾とせねばなるまい。

その大地震のあった前日、すなわち二十五日午後一時ごろ、京都帝国大学理学部長の石野又吉博士は、一通の電報を受け取った。その電報の差出し人は、京都府与謝《よさ》郡府中村〔宮津市北部〕の農家、椋平《むくひら》佐太郎氏次男広吉《ひろきち》君〔二七。一九〇三—一九九二〕で、電文には、

「アスアサ四ジ　イヅ　ジ　シンアル」

というのであった。

博士はそのとき、深く気にも止めなかったが、二十六日朝となって、石野博士は大阪毎日の号外を見るに及んで、前日の電報の予言が的中したのに驚いた。しかも、午前四時という時間まで、正確に指示しているのであるから、事実、驚かざるをえなかったわけである。

そこで、早速その電報を、地震学専門の志田順博士に示して参考に資したという。

この電報の主椋平君とは、石野博士がその年の夏、府中村へ海水浴に行った際、面会したもので、椋平君の地震研究と博士の専門とは、お門違いなので、ただ「怠らずに十分研究するように」と奨励しておいたものであった。

そこで椋平君は、その夏のゆかりを思い出して、石野博士に打電したものである。

当時、右につき志田順博士は、

「椋平君は科学的根拠をもって結論したかどうかはわからぬが、私自身の過去の経験から推すと、きっと何か思いあたる節があったに相違ない。地震が頻々と起ることにいろいろの方面から念入りに研究すると、思いあたることがあるものだが、理論的説明ができかねる場合があるので、学者としては発表は控えねばならぬ。伊豆方面には最近ちょいちょい地震があったのだから、二十六日午前四時にも地震があるという見当が知れるだけの科学的根拠が相当あったものと思う」と語ったと、新聞に記されている。

また、それについて、椋平君は、当時訪問の新聞記者に対して、

「二十五日、午前十一時五十分、江尻浜の観測地より丹後手島半島上空約一千メートルの、私の発見にかかる独得の地震予知の虹を発見したので、早速製図の結果、伊豆地方に二十六日午前四時ごろ地震があることを予知した。すぐに同日午後零時二十五分、天の橋立郵便局発信で、京都帝大の石野博士に打電しました」と語ったという。

なお今日まで同君の予知した地震は、関東、但馬《たじま》、丹後の大地震をはじめ、大小四百十二回に達し、すべて的中しているとのことで、珍らしい研究家といわれている。

——(東京日日新聞)

165　雲一つない快晴の空から雨が降った天変

【昭和五年十二月】

滋賀県地方は、七日の朝から、雲の片影すら認められない、珍らしい快晴であったが、午前九時ごろ県下一帯に、この快晴の空からサンサンと雨が降ってきたので、人々はその不思議な現象に驚かされた。

こうした雨は、気象学上では「天泣《てんきゅう》」という奇現象で、昔は、空の神様が泣いたの

だといって、何か不吉の前兆として忌み嫌ったものであるという。

この奇現象には、二種の場合があって、一つは雨が降るとき、雲はあったのであるが、雨が地上へ落ちるまでに数分かかるため、人々が雨だと思って空を仰いだときには、すでに雲のない場合があるし、もう一種は、水蒸気が雲にならずに、そのまま集まって降ってくる場合もあるのである。とにかく珍らしい奇現象とされている。——

（東京日日新聞）

166　生命無代進呈と書いて歩く街頭人間行商

【昭和五年十二月】

江戸時代に「この生命売りもの」と染めぬいた衣装を着て歩いた、侠客町奴があったという話もあるし、「天保六歌仙」の主人公として有名な、時世のすね者であったお城奥坊主河内山宗俊は、その自宅に金泥の磔柱を飾り、白縮緬《ちりめん》に髑髏《どくろ》の模様を染め出し、肩から背へかけて二尺あまりの卒堵婆《そとば》をあらわし、それに「身の上知らず」という文字を染めぬかせた野晒《のざら》しの浴衣を着流して、江戸街頭を闊歩したという物語は伝えられているが、これは昭和の現代、ネオンサイン輝く、柳のない銀座街頭をサンドイッチマンのように、背中に大きな紙をぶら下げ、それに「生命無代進呈」と大書して歩く男一疋、それが気狂いでもなく、道楽でもなく、深刻な生活苦からきた、切実な求職のための行動とすれば、その奇妙な姿を、笑って見ているわけには行くまい。

――それは、十二月二十四日の新聞が報道している事実である。

「寒風より不況の風が一段と身にしむ師走の街頭、『生命無代進呈』のみだしに、人生意気に感ず、この失職せる快男子に適業を与えられるならば生命を賭して働く。ただし精神病者にあらず、真剣なる求職者也、身体強健身元確実と書いたボール紙を背負い、洋服の男がぶらぶら歩いて行く、あまりにも深刻な時代風景。『昔の浪人でもあるまいに、生命無代進呈とは、一体どうしたのだ』と問いかけると、『好きや冗談でやっているのではありません、私は佐藤といって今年三十四歳、京都の立命館を中途退学して、大阪で巡査や店員をしていたこともありますが、頑固がたたって失業しました。職を求めて東海道を歩いて二週間前上京し、月島の救世軍に世話になっていますが、求職戦術の劇《はげ》しい時代、こうでもせねば生きて行けません』」――（東京日日新聞）

167 飼犬が宝を嗅ぎ出した花咲爺のような話

【昭和六年一月】

香川県綾歌《あやうた》郡の西庄《にしのしょう》村（坂出市西庄町）に、三好某という、昔は庄屋をしていたという旧家がある。

その前年の春、その家の主人が、屋敷の周囲へ土塀を造るため、人夫を使って溝を深く掘り、石を埋めていると、同家の飼犬が、その溝のなかで、盛んに吠えながら土をかきほじっているのである。そんなことが毎日つづくので、主人も不思議なことに思って、ある日、犬の傍《かたわ》らへ行って、その溝のところを見ると、土瓶のようなものが見えるので、何があるのかしらと、不気味に覚えながら、下男と人夫に命じて、その瓶を掘り出させ、蓋を取ってみると、驚いた、そのなかには、燦然と輝く昔の金銀貨が、一ぱいつまっているのであった。

なかからは明治初年の十円金貨が百四十二枚、慶長大判小判が五百枚も出てきたので、今さらのように驚くとともに、それを教えた飼犬の不思議さにも驚異を覚えたのであった。まるで昔のお伽話《とぎばなし》にある、花咲爺そのままの奇譚で、飼犬が掘ったところから、小判がでて来たのであったから。

その瓶は、一応ただちに県庁へ届け出したが、数日後には三好家へ戻された。この瓶は、明治のはじめ亡くなった同家の老婆が、縁の下へ埋めておいたもので、その死後、心当たりを掘ってみたが、当時見当たらなかったのであった。

この話をきいた、京阪地方の古銭屋が、それを買い取りに大勢やって来たが、結局、一万三千円で買い取られたということである。――（報知新聞）

168 内臓の位置が全然反対についている兵士

【昭和六年一月】

青森歩兵第五聯隊第十一中隊に、奇妙にも内臓の位置が、左右とも全然普通人と反対についているという、珍らしい兵隊さんが発見されて、軍医連を驚かした。その兵隊さんは、一月十日初年兵として入営した増田明（仮名）二十二歳で、身体検査の際にも疑いをもたれていたのであるが、今回、青森県立病院で診断の結果、たしかに各内臓がすべて左右反対にあることが明瞭となったのであった。内臓の一部転位ということは、折々発見されるのであるが、同人のように、全部が転位しているのは、医学上稀有のことといわれている。造物主も、なかなか奇妙な悪戯《いたずら》をするものではないか。――（蒐集記録）

169 八十丈の大氷柱を現出した那智の滝の奇異

【昭和六年一月】

十一日の全国的極寒のため、日本二十五勝の名瀑として知られている、紀州熊野の那智の滝は、俄然凍って長さ八十余丈の大氷柱と化し、滝壺もまた銀盤のように氷結し、時々すばらしい氷柱の破片が物凄じい音響とともに岩壁からなだれ落ち、銀色の

火華《ひばな》の如く飛散する壮観を呈するので、登山客はこの未曾有の奇現象に、驚きかつ大喜びであったという。――（東京日日新聞）

この日、全国的に見舞った極寒は、数十年ぶりという珍らしい奇現象で、しかも全国的暴風雪に襲われたのであった。同日朝、東京では氷点下五度二分という記録的の寒さで、平年より五度も低く、九州から大阪辺までも氷点下三度から五度、関東一般も同じく五度、本州中部は九度、北海道は十度ないし十五度で、全国が氷点下に包まれた。――（報知新聞）

170　東京湾内の海が結氷して極地を出現させる

【昭和六年一月十三日】

関東地方も一月に入ってから、珍らしい寒気がつづいたが、東京湾内の千葉県市原郡〔市原市〕地方も、連日の寒気のため同郡姉崎町姉崎浦〔市原市姉崎海岸〕から、君津郡長浦村〔袖ケ浦市長浦〕、金田村〔木更津市金田地区〕番洲地方に至る、三里の内湾長汀曲浦《ちょうていきょくほ》の沿岸線は、波打ちぎわから沖合約一哩《マイル》にわたり、十三日の朝は全く氷結して、まるで極地における海洋のような光景を呈し、一面の海は、白皚々《はくがいがい》として、波のうねりの姿そのままに、真っ白に結氷し、それに陽光が輝《て》りそうて、まばゆい反射をみせていた。

沿岸の氷の厚さは約二寸で、折から名産海苔の採取期にあたるので、海苔舟を動かすのに、氷を割って行かねばならず、全く珍らしい奇現象で、沿岸の小学児童はこの大きな海のスケート場に、北国の子供のような喜びを味わっていた。

この奇現象は、かつて五、六十年前に一度あったことがあったと、某老人が語っていたというが、東京湾内に極地のような氷結をみたのは、稀なことととして不思議がられた。——(報知新聞)

なお、同日は、潮来《いたこ》地方の大利根川の一部も、一面に氷結したし、茨城県地方も、気温氷点下十度七分に降り、霞ケ浦や、北浦の両湖も結氷し、汽船の航行ができなくなってしまった。

東京でも、同十三日午前六時四十五分発の中央線上り電車は、西荻窪先で自然に停車して動かなくなったが、これは寒気のためエアブレーキの給気弁が凍りついてしまったという。——(蒐集記録)

171　四十年間飯を食べずに焼酎や砂糖で過ごす

【昭和六年三月】

水ばかり飲んで完全に活動している金魚のような女があるかと思うと、これはまた四十年という永い間、飯一粒も食べず、焼酎と黒砂糖と、ラムネやお茶ばかり飲んで、立派に生きて働いてきたというばかりでなく、不治といわれる胃癌が忘れたように治ったという、奇蹟的な話がある。

「最近、横浜医学界に一つの大きな問題として、医師会員から、しきりに訪問診察を受けるようになった人がある。いかにも春らしい話題だ――四十年という長い間を飯粒一つも食べず、焼酎と砂糖とお茶だけで過ごしてきたという奇人、横浜市磯子区（磯子町）浜一六八七魚屋榊善蔵（五八）さんがそれだ。十八歳のおり胃癌にかかり、東京、京都各地の名医に治療をうけたがなおらず、以来四十年、日に砂糖二百目《め》、ラムネ二本、焼酎二合とお茶だけで、しかも男六人、女二人という大勢の子供まであげ、元気一杯に毎日町内に魚の行商をして、魚屋の善さんといえば磯子区内誰知らぬ者もない名物として不思議がられている。当の善蔵さんを訪《おとな》えば、やせてはいるが元気な声で、

『十八歳のとき胃癌で何も食べられませんでしたが、黒砂糖のかたまりをなめてみると非常に気持ちがよいのでなめ始めたのです。ラムネと焼酎を飲み始めたのもその頃からで、どちらも腹工合がよいので、今日まで続けてきました。力は出せないが、体はいたって丈夫です』

と、きょとんと語るのであった。

右につき、十全病院長は語る。

『それは初耳ですが、全く珍らしい人ですね。仙人とか行者はよく木の実だけで生きているというが、しかし人間は種々な食物をとってはじめて丈夫でいられるもので、砂糖と焼酎で四十年も丈夫でいるのは、医学的に見るも珍らしいことです』」と語っていられたという。――（報知新聞）

172　ハゲ・オンパレード、長瀞の関東光頭大会

【昭和六年四月】

昭和六年の春はハゲ頭から……ほがらかにもユーモラスな、関東光頭大会という、奇想天外の催しが、勝景の地秩父長瀞で挙行された。平和を寿《ことほ》ぐハゲ・オンパレード、のどかにも治まる御代の春ではあった。

大会の状況は、次の新聞記事によって知って頂くことにする。

「（長瀞発）かがやかしくも待たれしナンセンス――禿頭オンパレード、関東光頭大会は五日午前十時から、日本百景、埼玉県長瀞において開催、この日薄曇り『光頭の示威を恐れてオテントさまも姿を隠した』と参列諸員大気焔、会長塩谷啓山さん、内田長瀞駅長をはじめ、長瀞保勝会員、秩父鉄道職員、青年団、町有志等百余名、未明から準備に大わらわだ。

長瀞駅は紅白の幔幕《まんまく》と桜の花でお化粧、余興舞台、アーチ、接待所等しつらえら

れ、沿道各商店では空前の書入れ時とばかり光頭来を待つうち、『われこそは』の光頭百五十名悠々と参着、駅前には朝から子供たちが集まり本社旗を振って、下車する光頭隊を小旗を振って歓迎する。

午前九時半、東鉄代表味岡次郎君、後援の白襷隊七名を率い、次いで星製薬会社の光頭宣伝隊が乗り込む。秩父絹織物同業組合の一行十七名、赤い陣羽織にハゲのかつらをかぶって威勢よく繰り込む。花火はポンポン景気よく打ち上げられる。午前十一時行進開始、宝登山《ほどさん》神社に向かう。光頭蜿蜒《えんえん》数町にわたる、まさに昭和の奇観、沿道至る所に笑いが爆発する。神前に額《ぬか》づき『どうぞますます禿げるように』と、神様を抱腹絶倒させる。そのころから西風寒く小雨が降り出し、一同光頭を抱えてバラッバラッと退散。

第二会場遊園地内はちょっと遅れて、一時四十分に開会、雨はますます強くなる。開会の辞、宣言決議等、僅か二、三分でバタバタ片づいてしまう。一同『オテントさまがうらやましがったな』と光頭をぬらさじとばかり、帽子を冠《かぶ》り、番傘を並べて整列、次いで二時四十分から、大会場の西側有隣倶楽部内の特設雅会が始まる。関八州をはじめ、四国、広島、大阪、青森等全国各地からの代表は演壇に飛び上がり、禿頭礼讃、禿頭漫談等に大気焔をあげて、三時十分、会を終わった。

午後三時、やっと雨がはれた。近郷近在から大会見物の男女刻々数を増し、光頭連大いに活気づく。午後三時半、船十余艘をうかべ、荒川の渓流を下る。両岸にむらがる見物人『帽子をとれ』と絶叫、船中からは帽子を打ち振り打ち振り『このハゲぶりはどうだ』といらえると、ドッと禿頭万歳のコーラスが起こる。午後四時から渓流両岸の松林のなかで運動会が開かれた。

築地八百善主人調理の光頭料理や、つるつるそば、てるてる団子等、光頭礼讃の御馳走で開宴、満艦飾の秩父芸者三十四名、光頭の間をぬって賑やかなエロ、グロ、ナンの交錯、午後五時三十分から有志懇親会に移り、静かな町秩父は笑いの町として深更まで賑わった」――（東京日日新聞）

これより先、本大会開催計画の発表された当時における、二つの興味ある挿話を紹介しておく。一つは「献立もできた光頭料理」と題したもので、

【昭和六年三月三十一日】

「秩父に開かれる奇想天外の関東光頭大会は、しゃれと酔興をないまぜて準備が進み、鉄道ではトクトウ列車さえ運転するという騒ぎで、地元の本部では築地に光る料亭八百善の主人栗山善四郎クンに出席と当日の料理考案を依頼したが、八百善主人は、二十七歳からはげ始めたというみごとな光頭、当日の料理も引き受けたとサラサラ書き流した献立は、

『光頭かん』『さば光りずし』『ゆで玉子の照り焼』

ときた。主人も『あっしもゆきますよ』と満悦である」――（東京朝日新聞）
なお「大会に紅一点」という見出しで、
「（秩父電話）既報、埼玉県秩父長瀞の全関東光頭大会に三十日朝、東京市外渋谷町栄通り〔松濤他〕一ノ二四、佐藤耕平方佐藤静子さんが申し込んできたが、女の参加者は同会始めてのことで、どの程度の光を放つか大会中の評判である」――（東京朝日新聞）
この紅一点のことが、大会の記事に記されていないことが残念である。

173　日支事変の勃発にまつわる不思議な奇瑞

【昭和六年八月】


由来神国であるわが国には、戦役または国難来に際して常に不思議な霊異があらわれ、或いは天佑の奇瑞が出現する。日清、日露の戦役当時はもちろん、日独青島戦役の際にも、出雲大社の白鳩が姿を消し戦地に赴いたという奇蹟は、すでに記した通りであるが、今回の日支事変勃発に当たっても、不思議な奇瑞があらわれたのであった。

「神奈川県津久井郡湘南村〔相模原市緑区〕の一農夫という人から『あまり変な話ですが、真実のことですから』と、次のような投書があった。

近頃いつとなく村に『在郷軍人の奉公袋に馬の毛が入ってる』という話が出たので、

各人袋を点検したところ、不思議にも短いのは五分、長いのは二寸、色は黒または赤黒いのが、一本ずつ入っておりました。村人は戦いの前兆といっております、袋の縫目までに入っておりますから、見るときに静かに見て下さい」——(報知新聞)

これはまさに、その翌九月十八日に勃発した、日支事変の前兆となったわけであった。

なお、その後、翌七年二月の新聞に、次のような不思議な奇瑞のことが報道されている。年は異なっているが、合わせてここに掲げておく。

「国難を憂え憤る情は、わが大和島根では草木にも現われて、銃をとって、わが権益を護れよ！　と身(?)をもって示す……『拙地神社の竹は、戦争のあるごとに、同封の葉の如く(新聞紙には葉の写真が出ている)、兵器の形の模様をあらわします。日清、日露の両役にも同様の模様を現わしました。科学的には何の根拠もないでしょうが、偶然とのみは思えません』と茨城県磯浜(東茨城郡大洗町磯浜町)の本紙愛読者から、二枚の笹の葉を封じての便り」——(東京日日新聞)

その笹の葉の模様というのは、葉の中央の節のところに、タテに鉄砲の形をした模様があらわれているのである。まことに不思議な現象ではないか。

174　男女両性を完全に備えた半陰陽の奇少年

【昭和六年十一月】

十七日午後二時、東京高田警察署では、市外高田町〔豊島区〕雑司ケ谷の聖労院〔東京聖労院〕に志賀警察医を派遣して、同院に収容されている者の病患者を検診したが、その際、脚気患者松本茂（仮名）十七歳という少年が、はからずも男女両性を完全に備えているということが発見された。

その結果、警察側としては、医学上の問題よりも、取り締まり上の関係から、この両性をそなえている松本を、従来どおり同院の男子部に収容することはできず、といって女子部へ回すのも変だとあって、聖労院とも協議の結果、十七日夜からは同院内の「慰めの家」に収容することとなった。

この松本少年いな少女（?）は、去る九月二十三日、浅草公園のルンペンの仲間にいたのを、同僚四十名とともに象潟《きさかた》署から聖労院へ回してきたものであったが、ザンギリ頭に、黒い顔、太い眉、どうみても男であった。

父は、以前火の番をやっていたが、いまは消息不明で、母は浅草の某家で厄介になっている。戸籍面は「松本茂子」となっていて、神田に生まれたが、小学校は浅草の千束小学校に通い、可憐な一女生徒として五年を終了した。

それが、学校を出るころから、肉体に変調を来たし、男性的な力強い衝動がムラムラと頭をもたげてくるのを感じるようになり、それから男子の生活をはじめた。

べらんめえ口調で、浅草界隈の不良少年などを捉まえて喧嘩をしたり、女の子を泣かせて喜んだりするようになった。そのうち公園のルンペンの群れに投じたものであった。

少年「松本茂子」を診察した高田警察署の医師は、「松本は完全な両性をそなえ、医学上半陰陽といっている。軽度のものは従来も見たことはあるが、こんな完全なのははじめてで、医学上有力な参考資料です。両方とも十歳ぐらいの発達の程度である。本人の意志は完全に男性であるが、皮膚などは女性です」と語っていたという。——（東京日日新聞）

175 大阪の空に三つの太陽があらわれた天変

【昭和六年十二月】

二十九日午後、大阪の空には、三つの太陽があらわれて、人々を驚かした。これは、「幻日」と称するもので、太陽をめぐって、二つの幻の太陽が、鈍い白光をはなって、あらわれるのである。

この奇怪な空の異変は、同日午後一時四十分、大阪毎日新聞本社観測台の職員が、折柄出ていた暈《かさ》を観測中、午後一時五十七分になって、はからずも視半径四十六度の外暈の一片と、天頂弧を観測し、さらに午後二時十二分に至り、内暈の左右に、二つの幻日が太陽の十分の一位の大きさで鈍い白光を放ちはじめたのを認めたのであった。

かくて、約十分間、午後二時二十二分になって、右の幻日が消え、同二十五分には左の幻日が消えて、内暈だけになり、午後二時四十五分に全部消えた。

つづいて、三十日朝も、再び、三つの太陽があらわれた。

これは、午前八時四十三分から、同十一時三十三分まで、前日よりも強い白光を放ちつづけ、天頂弧は外暈の上辺に、黄白色の巨大な虹をさかさにしたようにかかり、約三時間で消えた。

三十日の幻日は、大毎本社観測台並びに中央気象台大阪支台で同様に観測し、殊に三十日の幻日は出現時間が三時間という稀有の長時間にわたったため、気象観測上の収穫はすこぶる大きかったといわれている。

とにかく、珍らしい空の異変であった。——(東京日日新聞)

176　大阪城天守閣の頂上に黒煙や怪光が起こる

【昭和七年四月】

わが戦国史の上にさまざまなローマンスを遺している大阪城の天守閣は、最近、桃山時代の豪華と近代科学の粋を集め、五十万円の巨費を投じて竣成し、天晴れ大阪一の名所となり、多い日には三万余人、少なくとも五六千人の参観者を引きつけているが、四月五日のこと、その天守閣に不思議な怪異が起こった。

その日午前十時ごろのこと、天守閣の頂上を飾っている鯱鉾《しゃちほこ》の尾のあたりから、まっ黒な煙がモウモウと立ち上りはじめたのであった。

それを眺めて、驚いたのは多数の見物人で、いっせいに「アレヨアレヨ」と声を出して、奇怪な黒煙を見上げて騒ぎ立てたが、そのなかで、二十分近くも、まっ黒な煙が上っていた。――それはもちろん火災のためでもなく、また頂上の鯱《しゃち》あたりから、煙の吹き出す原因のあろうはずはなかった。まったく原因不明の不思議な奇現象であった。

その前年の十一月七日、天守閣が竣工した落成式の晩、係員の人々全部が祝い酒の一杯機嫌で天守閣に上ったときにも、流星のような淡い光りものが、頂上の屋根に立ちこめていたという奇怪な事実があった。

そうした不思議な奇異を思いあわせると、なにかしらそこには、古戦場としての、鮮血を流して陣没していった多くの生霊の、迷える魂というようなことも考えられてこないわけにはゆかない。

それかあらぬか、大阪市では、その後公園課を中心に、この古戦場で戦没した将士の、一大施餓鬼を催すとともに、中之島公園の図書館大建築の裏手にある、世にもみじめな豊国神社を、大手前に移すことになり、着々準備が進められているとのことで

あった。——（報知新聞）

177　自身で死亡広告を書き大往生を遂げた人

【昭和七年四月】

六日の「報知新聞」に、次のような死亡広告が、黒枠つきで出ていた。

「謹告今回天寿ヲ以テ昨日交友諸氏ト永別スル事ニ相成私モ彼ノ震災後ハ老夫婦故越ケ谷ニ転住仕御陰様ニテ物質ノ苦モ感ゼズ閑静ノ地ニ於テ安眠セシハ是偏ニ各位諸君ノ賜モノト于ニ御礼申暢べ御暇申上候

葬儀者日ヲ撰ミ執行可致申付置候間左様御承知被下度

尚香奠供物ノ儀者御心配無之様特ニ御辞退可致申付置候間不悪御願申上候此書ハ臨終間際ニ認候間不明ノ所ハ御判読ヲ願升

亡　米　田　三　蔵

行年七十二歳

妻　た　美　子」

この死亡広告は、一眼見て、普通のものと異なるところに、誰しも奇を感じるに違いない。それは、死んで行く人自身が書いたものであるからである。

同新聞社も、その広告原稿を受け取って、それを見逃すはずはない、早くも六日夕刊の社会面に、次のような記事が掲載されていた。

「越ケ谷支局電話＝死んだ人が自身の死亡広告を自身で出している――注意深い読者はただちに気づくであろう、その珍死亡広告は六日の本紙朝刊、即ち本面（社会面）の左下隅に出ている。およそ世間的形式を無視した文句を並べ、死者がその妻女と連名で交友諸氏に呼びかけている。大田蜀山人（十返舎一九の誤りか？）は棺桶に花火を持ち込んで、死後まで世間を茶化した。

人生の最も厳粛な死の瞬間で、人と異なったことをやってのけるには、よほど風変わりの性格の持ち主だったに相違ないと、この広告主亡米田三蔵（七二）翁の家を、埼玉県越ケ谷に訪《おとな》えば、いまは孤独にとり残された多美子婆さんは、老いの眼から溢れる涙を拭おうともせず、生前の翁の風格を話してくれた。

おじいさんは、震災前までは神田の辻屋といえば深川辺りまでも知らぬものなしという米問屋でしたが、不幸にも震災前後に子供を失い家を焼かれ、命からがら越ケ谷に引き移ったもので、不幸にも近年顔面静脈瘤にかかり、三日息を引きとりました。おじいさんは世の中を明るく面白く見ようとする気質で、いわば楽天家でした。趣味は漢学と端唄という至極時代離れがしていました。端唄ときては至極堂に入ったものだといわれ、また相場の名人で、はるばる兜町辺りまで出かけていました。知人から相場の秘訣をきかれると『相場に行くには寄付を寄付する気持ちで行かねばいけぬ』と口ぐせのようにいってましたよ。この死亡広告は臨終の床で、ふるえる手に筆を持って書いたものです」――（報知新聞）

178　幾百万のクラゲの死体で海が埋められる

【昭和七年四月】

三陸、茨城方面の沖合一面が、死んだクラゲで埋められ、同時に水温が驚くばかりに低下し、魚が一尾も取れなくなったという、世にも奇怪な現象が起こり、同地方の漁夫たちに悲鳴をあげさせた。

「千葉県銚子港大塚善造氏所有漁船第一丸は二十五日正午、三陸沖から帰港したが、その談によれば、三陸沖合一帯は幾百万とも知れぬクラゲの死体に埋められ、漁撈等は思いもよらず、水温は七度ないし九度で、かつてこんな水温になったことは経験しない。流氷のためとも見られるが、原因は全く不明である。

さらに奇怪なのは、金華山岬南方の茨城県湊沖合で地引網を下ろしてみたが、網はクラゲで破れるばかりとなり、魚は一尾も入っていない。水温は驚くばかり低い。万一こんな状態が続けば、やがて南下して来るサンマも姿を見せぬかもしれぬ。全く奇怪な現象で、太平洋岸一帯の潮流に大変化を来たしたのではないかと見られている。これがため千葉水産株式会社では、ただちにこの旨を農林省に報告し、至急

調査を懇請した。なお、これがため銚子港でも三、四日前より不思議なくらい魚がとれなくなってしまった」――(報知新聞)

179 上海の戦乱異聞、たまよけ地蔵にまつわる奇瑞

【昭和七年四月】

海軍省の軍事普及会に、このほど上海《シャンハイ》から高さ一尺ばかりの大理石の地蔵尊座像が到着したが、その石像には奇しき因縁がまつわっているのであった。

この地蔵尊は、もと上海の閘北宝山路街角にあったもので、その場所は一ヶ月余にわたって日支軍の交戦が、最も激烈をきわめたところであった。それで両軍が百メートル位の近距離に対峙して、彼我の砲弾のため付近の建築物は、まるで廃墟のように全壊し去り、この地蔵尊の御堂も弾丸のため、めちゃめちゃに射ぬかれているのであったが、不思議にも地蔵尊だけには、弾丸の破片すらあたっていず、完全にその原形を保っていたという奇瑞に、いつか、誰いうとなく「弾丸《たま》よけ地蔵」と呼ばれるようになったのである。

その奇瑞のある地蔵尊を、記念のため普及会へ送ってきたわけであった。それで、普及会の武富大佐は、この地蔵尊を東京のどこかに祭りたいと、いろいろ計画中で、なお無数の弾痕をとどめた地蔵堂も、近くそのまま日本に引き取り、海軍省に到着す

るはずであるという。――（東京日日新聞）

180　火事騒ぎを起こさせた東京青山の竜巻異変

【昭和七年五月】

三十日午後二時ごろ、折から道路を修理中であった市外渋谷町上通り一丁目の、市電青山車庫前の市電線路に、突如旋風が巻き起こり、工事用の土砂や棒切れなどが、物凄い勢いでその旋風に巻き込まれ、およそ三十間ほども舞い上がったので、折から同所を通行中の女や子供たちは、眼をおおい悲鳴をあげて逃げまどい、一時は大変な騒ぎであった。

ところで、珍らしくも東都の街上に突発した、この旋風による竜巻は、遠くから眺めると、まるで黒煙の柱が空高く立ちのぼっているように見えたので、

「それ、火事だッ！」

とばかり、赤坂、麻布、四谷あたりの消防署からは、警鐘の響きもすさまじく、急速力で自動車ポンプが駈けつけてきたが、その竜巻は、およそ五分間ばかりで消え失せたので、駈けつけた自動車ポンプは、急に火事が迷子になって、煙の影さえ見えなくなったので、すっかり面喰らってしまったという喜劇さえ演じられた。

帝都にこうした竜巻の現出は稀有なことである。――（東京日日新聞）

181　女湯に入ってきた女給が男だった大騒ぎ

【昭和七年八月】

男湯へ来る常客の若衆が女だったという珍事件の話は、前項（昭和篇140項）に記したが、こんどはそれと反対に、女湯に女装の男が入ってきたのが発見され、大騒動を起こしたという事件で、これは男湯の女よりも、女湯の男は確かに重大問題であったに違いない。次に、新聞記事の全文を採録してみよう。

「▼……十八日夜十時半頃、芝区烏森八六（港区新橋二丁目）橋本湯女浴室へ、とても美しいモダンガールが入ってきた。浴客がヒョイとこの婦人の乳のあたりを見ると、どうも普通の女と違う。そこは女三人寄ればなんとかで、たちまち大騒ぎとなった。くだんの女はたまりかねて着物を引っ掛けるより矢庭に飛び出したが、とうとう隠しきれぬところを見せてこの女、女装した男と判明、サア今度は客の方がたまらない、『男が女湯に来るとはけしからん』と勢い立った当世女豪連、ゾロゾロと後をつけた。

▼……この男は芝愛宕下町一の二一（港区新橋三丁目）、カフェ昇龍方に女給（？）をしている杉山よし（一九）で、面食らった主人公、『この女はたして男なりや？』と、取り調べ方を愛宕署へ依頼した。この女（？）自白によれば、やはりまぎれもない男、

京都下京区に生まれたが、幼い時に両親に捨てられ、旅芸人の皆川新治の養女（?）として育てられ、常に女装して旅から旅へと稼いでいた。小学校も女生徒として入学、尋常六年を中途退学して家出してから、また流浪の旅へ……

▼十四歳の時、大阪市上福島町二一〔福島区福島〕、つばめ喫茶店に女給（?）として住み込み、甘いお客さん相手の生活を続け、去る十月上京し、愛宕町四の一六〔港区愛宕〕飲食店食道楽へ入ったが、三日後ここを出て、付近の洋食屋気賀亭へ、そしてまた三日後に前記の昇龍へかわって来たが、

『いや警察の旦那、この頃の不景気では、かえってこうで女装して女給している方が金になりますわ。いつも朝の十時から十一時頃風呂へ行くと、客が誰もいないので安心して行ったのですが、昨夜に限って人混みの中に入って大事なところを見られたというのが……まあ千慮の一失とでもいうのでしょう、男になってしまったら私はこれから失業ですわ』

と女声で口説いたので、さすがの警察の旦那も冷汗をかいて『ダア……』また、昇龍の女将《おかみ》談として、

『あの人は一昨日の晩、京都から来たのだが使ってくれないかといって宅へ来たのです。少し様子がおかしいとは思ったのですが、初めは男とは思えませんでした。何でもその晩お腹《なか》が大分すいていたとみえ、いやしい話のようですが水をかけて随

分食べた様子でした。あまり頸《くび》がきたないので風呂へやりましたら、皆が後を追ってきて、男だ男だといって騒がれるので、不審が高まってきて、それに保証人もないので警察の方へ届けました』——（報知新聞）

182　円タクが死んだ娘の幽霊を乗せてきた話

【昭和七年九月】
怪力乱心《かいりよくらんしん》を語らずということもあるし、妖怪変化《ようかいへんげ》を語ることは好まないが、これは「嘘のような事実談です」と断って、新聞に載せられている、事実あった怪奇な幽霊話なのである。

それは、まことに不思議な、超科学的奇現象の実在というべきであろう。

「円タクが幽霊を乗せた話……向島区業平町五八（墨田区業平）松山安次郎（仮名）方自動車運転手平尾政三（仮名、二三）が、数日前（九月末）雨のしょぼしょぼ降る深夜、青山墓地付近を流しているうち、二十二三歳位の美しい娘を、下谷まで五十銭の約束で乗せた。同区谷中町二七（台東区谷中）地先の門構えの家の前で、『ここが私の家です』と自動車から降りた。女は料金を払わずに、スーッと門内に消えた。

運転手は玄関へ家人を呼び出し、娘さんを乗せてきた話をして料金を請求すると、『私の家には娘はありません、死んだ娘の今日が一周忌に当たるので供養しているところです。では、仏が帰って来たのでしょう』と料金を一円くれたが、運転手も気味が悪くなって交番にかけ込んで、そのことを訴えた。……ウソのような事実談です」――（報知新聞）

183　大東京実現の日、数十万の赤蜻蛉《とんぼ》祝賀飛行

【昭和七年十月】

一日はいよいよ大東京市実現の祝日であったが、その日、足立区には不思議な奇瑞があらわれて、新区民を狂喜させた。

「大東京実現の第一日、永雨に悩まされた市民の頭上に、珍らしい碧空《あおぞら》が秋らしく展《ひろ》がった。午前十時頃、足立区新区役所上空にどこからともなく数十万の赤蜻蛉《とんぼ》の大群が飛来して、約一丁四方の空をとざし、見事な編隊や旋回飛翔など、空中分列式よろしく数十分乱れ飛んだ後、またいずれへか飛び去ったが、こんな大群は珍らしい。あたかもお祭り気分に呼応した有様なので、付近の人々は、吉兆、吉兆と、足立区の将来を喜び合った」――（時事新報）

184 輝く月輪の上に美しい銀白色の虹が出る

【昭和七年十月】

十六日午後六時五十八分、折から東の空高く、まん丸い月が輝き出した際、埼玉県熊谷町〔熊谷市〕の西方、地平線上から高さ十七度五分のところに、目もさめるような美観を呈して、銀白色の虹が、半円形を描いてふんわりと浮かんでいるのを、熊谷測候所の大地技師が発見した。

この銀色の虹は、およそ二十五分間で消え去ったが、それは雨上がりの空に、強い月光が雨粒に分散されて出たものであって、地上から観測したのは、それが全国で最初とされるほど、稀有の天界奇現象とのことであった。――(報知新聞)

185 富士霊峰の上空に三階松《さんがいまつ》の如き瑞雲出ず

【昭和七年十月】

この日頃、もう五、六回も雪の白衣をまとった富士の霊峰に、二十九日の午前十時頃、約五分間にわたって、三重の瑞雲がたなびきかかり、まるで三階松《さんがいまつ》〔三蓋松〕のあらわれたような神々しき美観を呈した。

富士山の三重雲は、数十年来にない珍らしい奇現象で、折から、岳麓では内務省の田村博士ら一行が、国立公園地域決定の、仮杭打ちを行なっている際であったので、この天空の奇現象も、何らかの瑞兆であろうと、噂しあったとのことであった。――(報知新聞)

なおそれより先、九月九日、午後十時三十分から約二十分間にわたって、富士山麓の河口湖南岸の畳岩付近湖上を、一またぎにし、北岸の産屋ケ崎にかけ約二十町にわたり、美麗な夜の虹があらわれた。約二十分間の後に消えたが、同夜は雨あがりの密雲に閉ざされ、十二ケ岳上空にかかる月光が、密雲を破って、美しい虹を描いたもので、湖上に夜の虹が出現したのは珍らしく、同湖をはじめ、富士五湖にもかかることは初めての奇現象で、何らかの吉兆ではないかと、非常に不思議がられていた。という新聞記事が出ていた。――(報知新聞)

近代猟奇年表

明治元年（九月八日改元）紀元二五二八（西暦一八六八）

〔一月〕◆大阪城で地雷火爆発……鳥羽伏見の敗戦で、十日頃、幕臣が城を捨てて遁走した後には衣類道具一ぱい残っていた。その城内を見物自由というので、大阪人はドシドシ入っていった。そして盛んに残品を盗み出したが、二日目にドカンと地雷火が爆発して大騒動。それから入城禁止、奪取品は届け出ろという厳達。そこで官軍が見物人を入れたのは城内地雷瀬踏みのためだという奇怪な噂がたった。

〔四月〕◆髪切りの怪事……「二十日夜、小石町（江戸神田）歩兵屯所にて一人髪を切られたる者あり。夜半の頃寝所より起きて廁に行きしに何者とも知らず真っ黒なるもの突然と来たりて頭に突き当たると覚ゆるや否や卒倒して人事を知らず。この物音に驚きて人々集まり介抱せしかば、すぐに正体になりたり、髪は落ちて二、三間も離れたる地上にあり。その真っ黒なるものは猫の如くにして黒きこと天鵞絨《ビロード》の如くなりしとぞ」（中外新聞）

明治四年〔一八七一〕

〔三月〕◆神木朝日松の奇異……東京四谷御駕籠町〔新宿区若葉一・二丁目、四谷一丁目〕に、神木と称せられる松の老樹があったが、ある男がその枝のウロへ椋鳥《むくどり》が巣をくったのを見て、その前日、木へ登って玉子をとって食べ、さらに十二日に、親鳥をも捕ろうとして、再び梯子をかけて登り、穴へ手を入れたが、そのまま抜けなくなり、大騒ぎを演じた。神木の祟《たた》りと噂された。

〔十二月〕◆遊女に凝って改名した男……いずれの旧藩士か、新吉原金瓶《きんぺい》大黒楼今紫になじみその色香にまよい、遂に自身改名して「今村佐吉」と変えた由。妙な男がいた時代もあった。〔横浜毎日新聞〕

明治五年〔一八七二〕

〔二月〕◆女人禁制が解禁される……神社仏閣の地で女人禁制とされていたところは、自今廃止され、登山参詣勝手たるべしという布告が出た。

〔六月〕◆生まれながら二枚歯の生えていた赤ん坊……第二大区十五小区麻布宮下町〔東京都港区麻布十番一丁目〕古道具屋相川多蔵の妻は、女子を出産したが、生まれながらに下歯が二枚生えていた。鬼子だといって、その歯を抜いてもらったが、一枚はどうしても抜けなかったという。〔日要新聞〕

〔六月〕◆坊さんの伊勢参拝許さる……伊勢神宮を始め諸社祭典等に、僧尼の参拝が差し許された。これで、奇妙な手習草紙製のチョン髷かつらも要らなくなった。

明治六年〔一八七三〕

〔三月〕◆寅歳《とらどし》男の朝鮮征伐と二、三歳の花嫁……このたび壮丁二十歳の者を兵隊とする旨布告が出たところ、寅歳（二十歳）の者を選んで朝鮮征伐にやられるのだという、地口みたいな風評が立った。それで土地によって、妻子ある者は徴兵をのがれるというので、二十歳の者が、僅か二、三歳の児女を娶《めと》ったりした珍談が続出したという。（東京新報）

〔四月〕◆陰嚢をもつ女子の畸形児……北海道函館地蔵町（函館市末広町、豊川町）五丁目佐藤某の妻が産んだ女子の畸形児は、前に一種の陰嚢に似たものがついていた。医者がそれを切開してみると、骨はなくて、白色を呈し、肉の厚さが一寸または二寸ほどで、なかには卵の白味と黄味のような粘液が入っていたという。（郵便報知新聞）

◆六本足の白い豚……大阪に住む支那人の飼っていた豚が、六本足のある白色の豚を生んだ。普通の豚に比べてすばしっこい奴であったと。

〔十二月〕◆赤い蹴出《けだ》しに白い脛《すね》を見せて芸者の乗馬流行……明治五年頃、女の断髪がはやり、女学生は仙台平の男袴に高下駄をはいて歩いた。それが地方にも及んだとみえ、はやったが、その後、芸者の乗馬がはやりだした。一方、高島田で乗馬が高崎市にも芸者の馬乗り盛んにて、「はれやかに粧《よそお》いて、紅の裳のすそ風のまにま

に黐り蹴出《けだ》しぎぬのひまより雪なす脛《すね》のほの見ゆる有さま、美といわんか異といわんか云々」の記事がでている。（書抜新聞）

明治八年〔一八七五〕

〔三月〕◆十二歳の少女が私通して出産……東京浅草区〔台東区浅草〕馬道通大師堂前の独楽《こま》屋の娘は、十二歳で家の丁稚十六歳と私通し、子供を産んだので、夫婦にしてもらったというが、素晴らしい早熟児ではある。

明治九年〔一八七六〕

〔一月〕◆七貫目の大鮑《あわび》……隠岐の国〔島根県〕で捕れた大鮑《あわび》は、乾した肉の重さが七貫三百十三匁《もんめ》二厘あり、その貝ガラの大きさは、米が一斗余り入るほどだった。（朝野新聞）

〔二月〕◆鼠を怖れる猫……愛知県〔安城市〕小川町の小松屋という家にいる猫は、仔猫の時に鼠を追いかけて足にくいつかれてから、非常に鼠をこわがり、大猫になっても、鼠が騒ぐと人の夜着のなかへ逃げこんだという。（朝野新聞）

〔二月〕◆狸が腹鼓を打ちすぎて死ぬ……品川旧御殿山に住むある商人の家の裏手で、毎夜、狸がポンポン腹鼓を打ってうるさいので、ある夜、夫婦で四斗樽をたたき、まけずにポンポンと叩きくらをしたが、だんだん狸の腹鼓が弱ってゆき、翌朝みると大きな狸が死んでいたという。（朝野新聞）

〔九月〕◆妊婦が蛇を産んだ話……東京京橋本港町元町の、土方渡世某の女房が、妊娠中のところ、二十日急に産気づき、何か出たというので、見ると、こはいかに、赤子でなくて蛇が七、八寸ぶら下がって、なかなか出ぬので、大騒ぎであったという。嘘のような話。〔横浜毎日新聞〕

明治十年〔一八七七〕

〔五月〕◆精液の黒焼を売る医者……いもりや蛇の黒焼なら知る人もあろうが、東京下谷坂本町三丁目〔台東区下谷二丁目、根岸三丁目〕三十三の医師護国豊民斎というのは、口伝と唱えて男女××の精液を黒焼にして他薬と調合し、これを吉田金七という者へ売って服用させ、その後また右黒焼をつくるためと称して、右金七妻に姦通を申し込んだ罪で、七十日の懲役に処せられたという。〔郵便報知新聞〕

明治十一年〔一八七八〕

〔二月〕◆四十八歳の婆さんが娼妓を出願……まず記録ものであろう。東京芝綱町〔?〕露木忠次郎の長女かつは、天保元年〔一八三〇〕二月生まれで、当時四十八年一ヶ月であるが、六日、南品川貸座敷常陸屋方へ出稼ぎ娼妓となるため鑑札願いを出した。〔東京日日新聞〕

〔四月〕◆木枕を食べる娼妓……根津八重垣町〔根津一・二丁目〕の貸座敷高橋屋抱え遊女小桜は、酔うと消炭《けしずみ》〔短気〕で壁でも齧《かじ》る癖があったが、ある夜、木枕を齧っ

て咽喉《のど》につかえ、目を白黒させているのを、客がみつけて大騒ぎとなったという。（朝野新聞）

〔四月〕◆仙台平の袴を穿いて来る女郎……大阪の堀江花街に一怪物出現せりとあって、当時、同廓の油屋の娼妓、チモト十九歳のことを報道しているが、右娼妓はなかなかの美人で、教師というアダ名がついていた。客に呼ばれると、髪を新蝶々に結び、黒縮緬《ちりめん》の長羽織に仙台平の袴を着け、衿には銀時計をかけ、靴をはいて洋杖を携え、衾《ふすま》と紙を入れた鞄を供の男に持たせて、貸席へやって来るのだという。珍奇な娼妓として評判であった。（朝野新聞）

明治十二年〔一八七九〕

◆小児が陰茎を落としてきた話……夏頃のこと、東京小石川小日向茗荷谷町二一〔文京区小日向〕の平野金太郎四男の菊之介（一四）は、ある日、用たしから帰ってきて心持ちが悪いと床に入ったが、母親が浴衣に着かえさせようとして裸にしたら、陰茎がない。驚いて聞くと、いつの間にか落としたか、こんなになったのだと泣いた。多分、変生女子であろうとのことであったという。

〔九月〕◆コレラ騒動と珍奇迷信種々相……コレラが大流行で、九月の調査死亡者六万八千人と註され、無智な人が多いため防疫警官との衝突、暴動、石炭酸を飲み薬《よ》と思った悲喜劇、いろいろな迷信邪説が流行した。愛知県と三重県では、コレラ除けの踊りと百万遍が流行し、村々のありったけの馬を引き出し、馬子が紅白の衣裳をつけて駈けあるいたり、また巡査が毒を井戸に入れてまわるの、西洋人が狐をつけてコレラにするのと、言語道断の風評を立てたり、各地大騒動を演じた。

明治十三年〔一八八〇〕

〔二月〕◆蜂が陰部に入って難産……千葉県印旛郡野原新田〔印西市〕の鈴木角平の妻フクは、臨月であったが、十日、井戸端で米をといでいるとき、突然、蜂が陰部に飛び込んだので、あっと驚いて立ち上がると、蜂は出ることができないで、やたらに刺したので、そのため産気づいたが、産道がはれふさがって、非常な難産であった。〔朝野新聞〕

〔三月〕◆産婆や産婦に喰いつく手足のない鬼子……越後新潟古志郡の農業荒川斧七の妻フキ〔三二〕は、懐胎九ヶ月で二十一日に産気づいたが、難産なので、産婆が引き出そうとすると、いきなり胎児がその指先へ噛みついた。無理に引き出すと、今度は産婦の股へ喰いついた。生まれた子は、形が張子の達磨のようで手足もなく、眼も開いていず、肛門かと思う孔は径一寸ほどで、周囲に針の如き毛が生えていて、その孔へ物を入れるとムグムグ噛みつくという畸形児であった。間もなく死んだという。〔朝野新聞〕

〔四月〕◆日向佐土原〔宮崎県宮崎市佐土原町〕のコレラ除《よ》け……同地方では、コレラ除

け の呪《まじな》いに「西郷隆盛宿」と書いて貼った。

〔六月〕◆燕がナメクジで蛇を防ぐ……六月頃のこと、遠州引佐《いなさ》郡三和村〔静岡県浜松市細江町三和〕の鍋屋の天井へ燕が巣をくうと、一匹の蛇が毎日来て子を捕ろうとするが取れない。ある日、二匹づれで来て、一匹の頭に一匹の尾をまとい、丈《たけ》をのばして巣の中へ頭をさし入れたが、急に驚いたようにバタと落ちて逃げ去った。いかにも不思議に思って後で調べてみたら、燕の巣のまわりには、数匹のナメクジがいた。（朝野新聞）

『日本猟奇史』江戸時代篇にのせた話に、鶯がナメクジで蛇を追った話と同じで、いかにも不思議なことである。

明治十四年〔一八八一〕

〔二月〕◆紀元節〔建国記念の日〕に神田大火……焼失戸数七千四百三十八という、稀有の大火であった。

「昨十一日朝より雪催《もよ》いの雲厚く閉ざして日の光をあらわさざるに、午前八時過ぐる頃、俄《にわ》かの大風吹き出して砂埃《すなぼこり》を捲き上げたれば、物の景色何となく凄まじく、折角の祝日なれど市中は多く門を鎖《とざ》して、ただ火の災いのなからんことを祈るのみ。さるほどに暮に至りて天はやや晴れたれども風はいよいよ烈《はげ》しく、銀座通りの春若き柳の枝も吹きちぎる許《ばか》りなりしに、午後六時三十分頃、神田柳町一番地なる女結《かみ》髪石井くらが裏の小屋より火もえ出たり……」（東京日日新聞）これが大火の発端であった。

〔九月〕◆大鮫の腹から丸髷の裸体女……二十五日、三重県津市の魚市場に浦でとれた大鮫が出たが、その腹を切り開いてみると、一人の女の屍体が、そのままの姿であらわれて人々を驚かした。衣服はなかったが、丸髷が残っていて、皮膚はとれていたが、肉はまだ腐らずにいたという。

明治十六年〔一八八三〕

〔五月〕◆四ヶ月で歩く怪童……仙台市九条町の滝井某方に生まれた男の子は、四ヶ月目に身長二尺六寸、歯を生じ、よく笑いよく語り、立って歩き、書物を見せると読む真似をしたという。

〔九月〕◆陰部を出した女の木登り人形……山口県周防《すおう》の国吉敷《よしき》郡嘉川《かがわ》村〔山口市嘉川〕の長富房之進という者、同村八幡神社祭礼の際、陰部を露わした女が桜の樹に登らんとする模様を作って、公然衆人の観覧に供した。それを巡査に告発されたが、取り調べの後、刑法中に正条なき所為として無罪になったという。こんな時代もあったのである。

明治十八年〔一八八五〕

◆角の生えた女……石川県羽咋《はくい》郡宮村〔一ノ宮村、二所宮村？〕に住む老婦人某は、胸骨の剣状部に一寸ばかりの角が生えていたが、その年のころ自然と脱落したので、同村の医師某から東京大学医科へ寄贈してきた。

明治十九年〔一八八六〕

〔六月〕◆チャリネ曲馬団大評判……世界一の大曲馬師という、伊太利〔イタリア〕のジー・チャリネという曲馬団が来て、前代未聞の珍奇な猛獣の曲芸をみせ、大変な大評判であった。

◆一声が五分間も続く長鳴き鶏……新潟県中頸城郡錦村〔上越市三和村錦〕の百姓某方に飼っている鶏は、黒色で目方も一貫あるが、それが鳴く時は、一声が五分間ぐらい鳴きつづける不思議な鶏であった。

明治二十三年〔一八九〇〕

〔十月〕◆濃美大震災……二十八日、愛知、岐阜、三重、滋賀および福井の五県、大震災に襲われ死亡四千人という。

明治二十八年〔一八九五〕

〔七月〕◆銅像の眼に燕が巣をつくる……東京九段の靖国神社前にある大村益次郎の銅像の眼のところへ、不思議や燕が巣をつくったので、世間の評判になった。

明治二十九年〔一八九六〕

〔四月〕◆本妻募集の張り札……十五日頃、東京京橋弓町〔中央区銀座二丁目〕その他所々へ、次のような文句を記した、本妻募集の広告張り札をした奇抜な人があった。「被募者年齢二十歳以上二十八歳以下。永遠苦楽――募一妻。ただし被募者の都合により登録税を負担す。京橋区南紺屋《こうや》町十番地〔東京都中央区銀座二丁目〕、熊沢」

明治三十二年〔一八九九〕

〔五月〕◆七尺二寸の大男……宮崎県阪本某という、身長七尺二寸の大男が、徴兵検査に現われて大評判であった。おそらく日本一の大男であろうと噂された。

明治三十四年〔一九〇一〕

〔五月〕◆水道から蜻《とんぼ》が盛んに出る……当時、水道から蜻《とんぼ》が出て大騒ぎであったが、二十三日、京橋区木挽町一丁目十四〔中央区銀座四丁目〕の結城銀五郎方では、三十三疋余の蜻が出た。

〔五月〕◆ペスト流行と跣足《はだし》の禁止令……ペストが流行したので、その予防のため、屋外を跣足で歩行することを禁じられ、違背すると拘留または科料に処せらるる旨、三十日発布された。

明治三十五年〔一九〇二〕

〔三月〕◆奇怪な少年臀肉《しり》斬り惨殺事件……二十八日夜、麴町区下二番町五十九〔千代田区二番町〕中島新吾長男河合荘亮〔十二〕が何者にか惨殺され、奇怪にも右少年の臀肉が剜《えぐ》り取られていた事件があった。――その後、三十八年〔一九〇五〕に至り、右犯人が野口男三郎〔一八八〇―一九〇八〕であり、義父〔義兄〕なる詩人寧斎〔野口。一八六七―一九〇五〕の癩病を救わんため、人肉を得る目的であったことが判明した〔死刑。少年（及び寧斎）殺害については証拠不充分で無罪〕。

明治三十八年〔一九〇五〕

〔九月〕◆東京市内に焼打事件起こる……日露講和条約に不満なる市民は、五日、国民大会を催し、遂に交番、警察等を焼打し、大騒動を演じ、多くの死傷者を出した。

〔十二月〕◆少女臀肉を抉《えぐ》る……麴町区下一番町〔千代田区二番町〕の薪炭商河内某の長女たつ（七つ）が、二十五日夜、兄と同伴、平河天神の年の市に行っての帰り、麴町配電所裏で突然、何者かに深さ五寸、直径二寸ほど臀肉を抉《えぐ》り取られた事件があった。例の野口男三郎の臀肉斬り事件後のことなので、奇怪な事件として世間を騒がした。（東京日日新聞）

明治四十二年〔一九〇九〕

〔五月〕◆首無し美人死体怪奇事件……十一日、府下荏原《えばら》郡大井町水神下〔品川区大井〕、もと鈴ケ森のお仕置場付近に、支那鞄に詰めた首のない死体が発見され、社会の耳目を聳動《しようどう》させた。――この事件は、首無し美人惨殺事件として騒がれたが、遂に犯人は不明に終わった怪事件である。

〔七月〕◆盲人隊の富士登山……静岡県御殿場駅の盲人八名は、十八日午後三時同地

を出発、奇抜な富士登山を決行し、翌日無事下山したが、盲人のこととて珍妙悲喜劇続出を演じたという。

〔七月〕◆大阪市の大火災……三十一日、曾根崎より発火し、焼失家屋一万六千八百八十四戸を数えた大火災となり、死傷多く稀有の怪火であった。

明治四十四年〔一九一一〕

〔四月〕◆吉原遊廓怪火に全焼……焼失戸数三万を数えた、稀有の大火。「妖火新吉原の一隅にムラムラ挙がる。しかも、俗にこれを忌む九日午《うま》の刻という午前十一時三十分、十二時になんなんとする頃には火勢は砂塵を捲く猛風に力を入れて、天を焦がさんとする凄まじき有様となりき。ああ、遂に大不夜城をして大火焔と化せしめ、須臾《しゆゆ》にしてまた焦土と化しめ終わんぬ。阿房宮《あぼうきゆう》の焰上も実にかくありけんかし。祝融の神の手はこれより惹いて遠く千住方面まで揚がり、雲雀《ひばり》鳴く焼野ケ原と化せしめしぞ恨みなる」（東京日日新聞）

⁂

大正二年〔一九一三〕

〔七月〕◆蛇が横浜全市を闇黒《あんこく》にする……二十四日午後七時五十分、横浜全市の電灯が消えて暗黒となり大騒ぎとなった。原因を取り調べると、相模足柄上郡福沢村上俣〔南足柄市〕の、第九十号支線中に、長さ五尺ばかりの蛇がまきついて黒焦げになっていたのを発見、犯人は蛇の一人心中であった。（東京日日新聞）

〔十月〕◆東京の空が赤蜻蛉《とんぼ》で埋まる……月初めから晴れ渡った東京の空に赤蜻蛉《とんぼ》が、満街の屋上を飛び交い、空一面を時ならず紅の色に染めなしていたが、四、五日の如きは全市上空一面赤蜻蛉の海と化した。

〔十一月〕◆横浜一帯に灰が降った。

大正三年〔一九一四〕

〔一月〕◆漁師の網に生首がかかる……九日午後六時、大分県大分郡三佐村〔大分市三佐〕沖に出漁中の漁船の網に男子の生首と、金五円在中の財布がかかった。怪奇な事件として大騒ぎをした。（大阪毎日新聞）

〔一月〕◆桜島大爆発異変……十一日払暁三時四十分から、鹿児島地方は激しい地震を感じ、夜に入るもやまず、俄然十二日朝午前十時頃、桜島は天地も崩るる大爆音とともに、噴煙天にみなぎり火災ひらめき花火の如く、岩石落下して爆発し、凄惨を極めた。その火柱は二万七千尺に昇ったという。

◆伊予沖の海嘯《つなみ》……宇和島地方地震あり、十三日灰降り、霧立ちこめて市内暗闇となり、日振島に海嘯が襲った。

長崎などは、降灰濛々として眼界《まなかい》をさえぎった。

◆東京にも降灰……があった。なお、安永年間〔一七七二—八〇〕大噴火の時にも、遠く箱根付近まで降灰があったという。

◆鹿児島湾、軽石で塞がる……桜島噴火により噴出した軽石は驚くほどで、鹿児島湾一帯をとざし、陸つづきの如き観を呈した。

〔一月〕◆小笠原付近の海中に新島湧き出る……二十三日午後五時より、小笠原諸島の南硫黄島東約三海里の海中が噴火したが、二十五日午後に至り新島が湧き出た。その高さ一千尺、周囲約二里。（大阪毎日新聞）

〔三月〕◆大男連の大量会開かる……九日午後四時から、東京日本橋矢の蔵〔中央区東日本橋一丁目〕の福井楼で、大量会という、二十貫以上の大男連の集会が開催され、集まる者三十名、体重の優勝者は、野田卯太郎、才賀藤吉郎の二代議士であった。

〔三月〕◆鹿児島に泥の雨……十日、全市に泥の雨降り、満目灰白色を呈した。桜島噴火の影響による奇現象である。

〔三月〕◆徴兵の壮丁が娼妓……呉市中通八丁目の渡ひで（四八）が、先年女子を産みとしをと名づけて届け出でたが、どうした間違いか、これが長男俊雄となっていたので徴兵検査の通知が行った。しかし出て来ないため、徴兵忌避として憲兵が取り調べに行くと、その壮丁は、当時広島市遊廓の吾妻楼抱え吾妻と名乗る娼妓であった。係官もこれには口アングリの態で引き取ったという。

〔三月〕◆奇怪な迷信から不倫……名古屋市中区新柳町三丁目〔栄一丁目〕、足袋商松岡祐三（仮名、六二）は脊髄炎に悩んでいたが、血族の者と通ずれば全治すると聞き、昨年五月から実の長女てつ（仮名、二五）と情を通じ妊娠させ、大評判となった。

〔四月〕◆花に雪……三日、東京地方は急激に温度降り、満開の花に雪がつもり時ならぬ美観を呈した。全国一般寒くなる。

〔四月〕◆二銭銅貨大の降雹《こうひょう》……二十四日午後五時、宮崎県宮崎郡広瀬〔宮崎市佐土原町〕、佐土原村地方に雷鳴とともに二銭銅貨大の大雹《ひょう》がふった。

〔四月〕◆怪魚網にかかる……岡山県和気郡日生《ひなせ》町〔備前市日生町〕の漁師松平苫吉（三〇）が小豆島付近海上に出漁中、世にも奇怪な大魚を網にかけたが、それは長さ一間半、重量二十五貫余、背部黒く腹部白く、口尖り、鱗のない怪魚で、その名を知る者なく、見物人群れをなしたという。

〔七月〕◆腹に鼻と耳のある畸形児……愛媛県伊予郡北山村字稲荷〔伊予市稲荷〕の稲田某妻はな（三七）が、一日分娩した男児は、腹部異状に隆起し、上部に毛髪発生、耳と鼻と認むべき痕跡を存する畸形児であった。

〔八月〕◆一ツ眼の猫の子……その形貌が鼠に似て、口端が尖り、身体は白と黒の斑《まだら》で、尾は鼠の如く細く、眼は顔の真ん中にただ一つあるだけの奇怪なものが産まれた。

大正四年〔一九一五〕

〔三月〕◆那覇の空に太陽三つ出ず……二十九日午後五時四十分と、三十日午後一時五十分、沖縄県那覇の上空に、太陽の影が三個あらわれ、一大美観を呈した。これはヤップ島付近に発生の台風の前兆たる奇現象であると。（大阪毎日新聞）

〔六月〕◆男女の完全屍蠟……福岡市蓮池町（博多区中呉服町、上呉服町）日蓮宗本興寺の墓地改修中、十一日午後、同墓地より男女二ケの屍蠟を発見した。一つは明治二十二年〔一八八九〕八月九日死亡の六十三歳の男、一つは明治二十三年〔一八九〇〕一月七日死亡の六十一歳の女であると。

大正五年〔一九一六〕

〔三月〕◆地竜《みみず》の大暴騰……全国的に猖獗をきわめた流行性感冒のため、洋薬の解熱剤は不足を生じ、三月頃には、アスピリンなど、一封度十円のものが五十七円となり、一円二十銭のアセチールサルチルサンが、三十三倍の約四十円に暴騰したので、まだここに漢方薬の解熱剤地竜がまた大暴騰、一斤《きん》十七銭位のが三十四銭になり、まだまだのぼると。地竜大繁盛の世となった。――医者が使いきれず、ただの木の葉の煎じ液までのました由。

〔三月〕◆駱駝が仔を産む……大阪天王寺動物園で、アジア産の牡の花嫁、アラビア産の牝の駱駝が、同日正午、牡の子を産んだが、赤ん坊でも高さ四尺五寸、十五貫目、日本では珍らしいことと大評判であった。

大正六年〔一九一七〕

〔四月〕◆完全な自然ミイラを発見……二十八日、大阪府下泉北郡忠岡村〔泉北郡忠岡町〕字馬瀬の畑中松林中にある、一軒の野小屋から、衣類を着し、全身黒褐色の死体発見、眼窩落ち込み、皮と骨ばかりとなり、頭髪、歯牙、爪など完全で、一見自然のミイラで、稀有な珍奇なものなので、大阪医大で保存することとなった。噂によると右ミイラは、俗称忠岡川と呼ぶ乞食の死体であると。〔大阪毎日新聞〕

〔五月〕◆飛騨地方、初夏の極寒……初夏というのに、岐阜県吉城《よしき》郡細江村〔飛騨古川町〕地方は、連日雪霜あり、八十年来の珍らしい寒気で、池水は凍り、魚類、蛙など、みな凍死した。

〔六月〕◆三千年前の人骨発見……大阪府下南河内郡道明寺〔藤井寺市〕の天満宮の北方田畑の中から種々古代器物が発掘されていたが、九日、完全な人骨二個発見、いずれも膝を屈し仰臥した姿をしていた。右は京大考古学科の調査により三千年前のものと認定された。

大正七年〔一九一八〕

〔八月〕◆魚の雨が降る……これは外国の話であるが、ある日、英国北部地方の海岸に近い村に、突然、天から無数の生きた魚が降ってきて、村中を魚でうずめてしまった。この奇怪な魚の雨は、三十分ほどつづいて止んだという。

大正十年〔一九二一〕

〔九月〕◆水道から鰻が飛び出す……大阪府庁警察部の便所の手洗場の水道栓から、小さな鰻が飛び出して大騒動。

大正十四年〔一九二五〕

〔七月〕◆甲羅の径二尺余ある淡水産大蟹……越後の国頸城《くびき》郡不破村〔上越市?〕の松本某は、自宅の小川で、淡水産の大蟹を捕らえたが、甲羅のさしわたし二尺余り、一斗五升の米をのせても平気で歩いたほどの大力である。

⁂

昭和二年〔一九二七〕

〔一月〕◆まだら猫のような黒い斑点のある女……呉市生まれの三十七歳になる某女は、頭から手足はもちろん、口の中や舌の先まで全身へかけて真っ黒な斑点ができ、ちょうどまだら猫のような珍らしい奇病にかかり、九州大学医学部内科へ入院した。

〔大阪毎日新聞〕

〔三月〕◆両眼が出たり入ったりする幼児……尾道市久保町、丸木某の四男吉夫〔仮名、六歳〕は前年中耳炎に罹《かか》り、放任しておいたところ、病勢が悪化して、両方の眼球が機関車のピストンのように出たり入ったりするという奇病を呈してきた。岡山倉敷の中央病院へ入院、手術を受けたが死亡したという。（大阪毎日新聞）
〔十一月〕◆眼から稲が生えた話……山形県新庄町（新庄市）月岡の武田某の次男文夫（四歳）の、左眼粘膜の中隆部から籾が発芽し、六分余りものびて稲が生えてきた。原因は籾が目のなかへ入り、それが涙で湿気と温度が順調に作し、苗代の役目をしたためであると。

昭和三年〔一九二八〕
〔三月〕◆頭の二つある蛇……新潟県中魚沼郡倉俣村小出（十日町市小出）の藤木某が、二十日、信越国境の山奥へタケ狩りに行った際、両頭の蛇がニョロニョロはっていたので生捕って帰り、近所の大評判になった。（報知新聞）
〔六月〕◆黒い雨が降る……午後五時頃、滋賀県伊香郡木之本町（長浜市）を中心に一里ほど離れた高時村にかけて黒い雨が降り、その跡が紺色になっているので、同村の人々は驚異の眼をみはった。
〔八月〕◆東京の空に大火柱と光り物……二十六日午後七時半頃、東北東の空に、青い色の大火柱が天高く上ったと見る間に、月と北斗七星の中間、火星の星座付近の方向で、真昼にひとしい大閃光が、ちょうどサーチライトのように、約一秒間ほど光った後で、赤い大きい火の玉がフワフワと舞い下り、怪光は消えた。この怪光はほとんど関東一帯から見え、折から旧盆十三日の魂迎えの夜とて、地方によっては、「凶変の前兆」とか「人魂」だとか大騒ぎをした。

〔十月〕◆木更津の空に怪光走る……十九日午後九時十分、千葉県木更津町〔木更津市〕の上空を、東から西へ約十秒間、長距離にわたる流星の如き怪光が走った。光の線は地上と並行しており、普通の流星より速度がゆるやかで、肉眼では光の周囲に青い火花を散らしていたように見えた。

〔十二月〕◆十三軒を捲き上げた房州の大旋風……十日午後二時ごろ、千葉県安房郡北条村〔館山市北条〕字広場区と西区二ヶ所で、長さ十一町、幅一町余の大旋風起こり、一大砂柱をまき起こすとともに、付近の住家十三軒を空中高くまき上げ、約三十分もグルグルともみつづけ、惨憺たる光景を呈した。

昭和四年〔一九二九〕

〔三月〕◆数万の鳥の大合戦……三日午後一時頃、埼玉県大里郡玉井村〔熊谷市玉井〕の上空に、約三万の鳥の大群が襲来、付近の麦畑を荒らし、さらに上空で合戦を演じ、死体を残していずれへか飛び去ったが、村民は何かの前兆ではないかとあやしんでいた。

〔五月〕◆東京に黄色い雨……三日午前、東京市内新宿、神田をはじめ各所に、黄色い雨が降った。松樹の花粉が飛んできてまざったのであろうといわれたが、珍らしい奇現象であった。

〔五月〕◆足が四本ある鶏……岡山市上伊福〔北区伊福町〕の原某が、前年神戸市で手に入れたという白の雄鶏は、頭が一つで足が四本、しっぽと肛門を二つずつもっている。非常に健康だという。

〔八月〕◆珍らしい猿合戦……二十八日朝、日光華厳の滝付近、男蝶、女蝶岳の両端で、双方二百余の猿が、互いに小石や木ぎれを投げ合い、キャッキャッと大声をあげて猿合戦をはじめ、両軍相当の負傷者を出し、闘争後一時間で引き揚げたが、この珍光景に、一時は見物人で大騒ぎであった。原因は境界争いらしいとのこと。

〔十月〕◆豚が一度に十八匹子を産む……埼玉県熊谷町〔熊谷市〕の飲食店越後屋では一日朝、飼い豚が牡七匹、牝十一匹、合わせて十八匹の子を産んだ。こんな多産の記録は珍らしいと大評判であった。

昭和五年〔一九三〇〕

〔三月〕◆目に歯が生える……愛知医大〔現名古屋大学医学部〕に、名古屋市南区熱田町〔熱田区〕川原正雄（十二）が、昨冬来、右眼下が腫れて痛みが激しいとて、診断をうけたが、珍らしくも右眼涙腺のすぐ下の骨から、完全な門歯が一本、しっかと根をおろして生えていることがわかった。

〔五月〕◆猿そっくりの五人兄妹……北陸線大聖寺駅から十里半の山奥、石川県江沼郡東谷奥村字大土《おおづち》〔加賀市山中温泉大土町〕に住む、曾良中某（七三）氏は二男三女の五人の子持ちであるが、いかなる因果か五人とも唖で、その上全身が毛だらけ、骨格や握力、容貌、音声なぞ、猿そっくり、そのうち、長男（三八）、次女（二四）、三女（一九）は、火いじりをして危ないので檻の中に監禁し、付近の人は三人猿と呼んで怖れているという。（東京日日新聞）

〔七月〕◆角だらけの少年……評判になった支那吉林省高石站生まれの「角男」劉文徳（七五）さんは、頭の皮膚の一部が角化したのであるが、ここにほんとの骨から出た、ほんものの角男が日本にも現われた。そして、手術のために十五日に愛知医大桐原外科へ入院した。

それは名古屋市東区杉村、大森次郎（仮名）十五歳という少年で、手足といわず、胸、背、すべて骨のツギ目や関節などには、大きな骨の角が出ていて、高さ一寸以上のものだけでも三四十はあるという。また、後頭部二ヶ所に頭蓋骨から出た約三寸位の本物の骨の角が並んで生えていた。（東京日日新聞）

〔八月〕◆十四の少女が無頭児を産む……千葉県香取郡小見川《おみがわ》町〔香取市小見川〕小野チヨ（仮名）十四歳は、首がなく胸に顔のついた畸形児を分娩した。右は学術上の無類児だということである。（報知新聞）

〔八月〕◆伊吹山の空に大入道が現出……十七日、滋賀県伊吹山は八百名の登山者で賑わったが、長らく発生しなかった山の妖怪として、気象上興味の深いブロッケン現象（濃霧と気圧の関係から自分の影などが蜃気楼などのように大きく現われる奇現象）が、午前四時四十分ごろ発生して、薄霧のなかに、五彩の光に彩られた大入道が現出し、奇観を呈した。（東京日日新聞）

〔八月〕◆日本海の主か三十貫の大鯛……朝鮮慶北〔韓国慶尚北道浦項市〕迎日湾口、魔の淵米ケ鼻の沖合で浦項丸の三組の大引網に、長さ七尺、体重三十貫の大鯛がかかった。この鯛は日本海の主《ぬし》であろうと評判された。（東京日日新聞）

〔八月〕◆睾丸から胎児が出る……山口赤十字病院に入院した山口高等学校〔現山口大学〕の松本忠一君（仮名）は、このころ睾丸が非常に痛むので手術をしたところ、睾の中から三センチの胎児が産まれ出た。その胎児は歯もあり、毛髪、皮膚、筋肉もそろっているという。日本初めてのことであった。（報知新聞）

〔十月〕◆十六貫の大南瓜《かぼちゃ》……札幌市の栗賀信衛氏の畑に、目方十六貫という大南瓜ができた。

〔十一月〕◆五尺一寸の牛蒡《ごぼう》……宮城県柴田農林学校〔現高等学校〕でつくった牛蒡は、長さ五尺一寸という世界的の珍物であった。

昭和六年〔一九三一〕

〔一月〕◆寒の入りに真夏の暑熱……数日来の暖気に内地でも相当面食らったが、台湾の正月五日は、各地快晴の上、〔カ氏温度〕八、九十度の高温、午後の屏東《へいとう》は室内九十三度、台南も九十度以上、台中は八十六度、台北が八十四度という真夏の暑熱、礼装の年賀客は汗ダクで扇を使い、セル姿や浴衣がけさえ見られ、子供たちは川で水遊びに興じたという、嘘のような奇現象であった。〔報知新聞〕

〔二月〕◆大阪湾上に大蜃気楼……二十四日午後二時四分、大阪湾上に大蜃気楼が出現し、海上に二個の巨大な山が現われはじめ、十分間位は山腹の影、緑樹の葉がはっきり見えた。

〔二月〕◆体内から二十本の針が出る……茨城県筑波郡吉沼村大字外出〔つくば市〕、木村西松妹たま〔二〇〕は、三年前から体中のそこここから縫物針が抜き出され、不思議がられていたが、旧冬から正月へかけて二十本という多数の針が抜き取られ、驚異の的となっている。警官もこの奇異な出来事に調査中であるが、幼児の際、継母に虐待され、針を体中に突き刺されたものではないかと噂されていると。〔報知新聞〕

〔二月〕◆乳房のない牝馬……北海道稚内町〔稚内市〕クトネベツ西岡牧場で、飼養馬中に乳房のない牝馬がいることが発見された。

〔四月〕◆狸が亡妻に化けて出た話……青森県南津軽郡大光寺村〔平川市大光寺〕字本町の、須々田勇太郎の妻女は去る三月中旬死亡したが、その夜から夜な夜な死んだ妻の姿が現われたり、不思議なことが多いので、加持祈禱などをしていたが、その後狸の仕業とわかり、五日から村民総出で狸狩りにかかったと。（報知新聞）

〔四月〕◆雄鶏が卵を産む……北海道中富良野（空知郡中富良野町）五十嵐菊次郎氏方で飼養の雄鶏が、このごろ鳩卵大で黄味のない卵を産み出した。

〔五月〕◆山中温泉大火災と前兆奇異……山中温泉（石川県加賀市山中温泉町）の大火で焼けた名刹薬師寺付近には、烏が幾千となく棲んでいたが、一年ほど前から一羽もいなくなり、火事の数日前には、夜になると方々の家にパチリパチリという木のハネル音がした。「おかしいなア」と土地の人が噂をし合っているうち、あの大火が起こったのだそうな。（報知新聞）

〔五月〕◆人語をしゃべる犬……大阪北区金屋町（天満）山下泰山氏の愛犬ポチは、昨年冬頃、飼主夫妻が晩餐の最中に、突然「ウンマウンマ」といった。爾来、練習の結果、今では、トウチャン、カアチャン、オハヨウ、チョウダイなどの言葉を、明白に発音するという。（東京日日新聞）

〔六月〕◆首二つで胴一つの牛が産まれる……横須賀屠殺場につながれた牝牛が急に産気づいた。獣医が赤ん坊の二足をグングン引っ張ったが出ればこそ、手術のうえ出たのは胴体が一つで首が二つある畸形児だった。

〔七月〕◆一尺五寸の大スッポン……十日朝、静岡県浜名湖でとれた大スッポンは、

長さ一尺五寸、目方一貫七百匁《もんめ》。漁民は豊年の前兆だと喜んだ。（報知新聞）

〔十月〕◆広島から純白の仔牛現わる……大阪市西成区今宮屠殺場に、広島県神石《じんせき》郡から百万頭に一頭しかないといわれる純白の仔牛がやって来た。屠殺場ではこの珍らしい牛を屠殺するに忍びず、十七日、大阪市の動物園へ寄贈したと。

〔十二月〕◆珍らしい白い鳥……十八日午後四時頃、宮城県気仙沼町八日町（気仙沼市）佐藤某氏が、猟の帰途、十数羽の鳥が、一羽の白い鳥を追い回しているのを発見、撃ちとってみると、それは真っ白な烏で、俗に「オミヤ烏」、学名「ハシフト烏」という非常に珍らしい鳥であると。（報知新聞）

昭和七年〔一九三二〕

〔三月〕◆東京洲崎の上空で烏の合戦……四日午後二時、深川区洲崎埋立地（江東区東陽一丁目）の上空に、小松川方面と、芝浦方面から飛来した一千羽ばかりの烏が、羽ばたきの音も物凄く、ガアガアと鳴きながら空中で大合戦を演じ、約二十分の後、半数は芝浦方面へ引き揚げ、ほかの半数は埋立地の筏の上に陣を張っていたが、間もなく飛び去った。付近では、何か凶事の前兆ではないかと、大変な評判であった。（東京日日新聞）

〔五月〕◆横浜の空に月が三つ出る……二十日夜おそく、横浜の空に異変が起こり、珍らしい奇現象を呈した。それは幻月で、十時五十分頃月暈が出ると間もなく、その左右にまた二つの月が現われた。右の方の幻月は十一時十五分に消えたが、左の方はその光度を増して、水平光弧が東に見えた。太陽に幻日の出ることは稀にあるが、幻月は珍らしいことといわれた。（東京日日新聞）

〔八月〕◆山崩れと怪奇な月日の因縁……八月二十六日午前四時半ごろ突発した、山崩れのため家屋流出、多数の溺死者を出した、岐阜県恵那山麓前山と同じ場所に、今から百二十五年前の同日同刻、大山津浪の惨事があった。それは同所近くの中津川町（中津川市）宗泉寺にある当時の記録によると、「文化五戊辰《ぼしん》歳（一八〇八）の七月二十五日（新暦八月二十六日に当たる）未刻《ひつじ》（午後三時より五時の間）、恵那山の前山抜け押し出し、当寺境内に溢れ入り云々」とある。百二十五年後の同月同日同時間、同じ惨事が起こったのは、奇異な因縁ではないか。

〔九月〕◆肌に火をつけて喜ぶ男……東京牛込区天神町（新宿区東榎町）の布谷次郎（仮名、二七）という青年は、自分でタバコの火を肌へつけたり、殴ってもらって快感を覚えるという奇怪な変態性欲者であるが、十日頃、大崎のある草むらに自ら火をつけて、火傷の快感を味わおうとしているところを大崎署員に発見され、公安を害する者として拘留処分を受けた。（報知新聞）

〔十一月〕◇流星の美観……三十三年目に一度現われるという、獅子座流星群の空の異変は十六日、各地で肉眼で見ることができたが、京都帝大天文台観測では、東南方の空にスースーと美しい弧線をひいて飛び散り、美観を呈したと。

稀にみる奇書

長田幹彦

私は富岡とは、小学校時代からの悪たれ友達である。その時分には、おたがいに筆なんかとって、もっともらしい渡世をしようなぞとは、夢にも思っちゃいなかった。富岡も小学生の時分には、いまのような白髪だらけのずくにゅうではなくて、とても子柄のいいお坊っちゃんだった。それがいつの間にか、「鼓川」なぞと号して、「実業之日本社」で少年少女向きの甘い小説なぞを書きだしたので、おや、おや、こいつも小説家稼業をやるのかな、と思って、私もいささか頼もしく思っていたのだが、その後、なにを感ずってか、俄然出版屋に化けて、私のところなぞへも、いっかどの商売人みたような顔をして、原稿を買いにやってきたりした。

富岡は由来、商いの懸引《かけひき》なぞのできる男では絶対にないのである。よせばいいのにと思ってはらはらしてみていると、はたして人に欺されたり、算盤をはじき損ねたりして、親譲りのそうとうな資産までまんまと棒に振ってしまった。それ以来、鬢髪霜《びんぱつ》を染める今日まで、浪々として浮世の底の石高路《いしだかみち》を、彼は呑気に道草をくいながら歩いてきたのである。自分では「永遠の失業者」だなぞと、いまふうなご時世らしいことをいっているが、そんな代ものじゃない。女房と二人の子供さえなければ、唐天竺まででも、好きな珍談奇聞をたずねてほうつき歩いていく風来坊である。どうだい、食えるかいとにかく彼はいつ逢っても、朗らかで、しごく長閑《のどか》である。どうも俺は米を食いすぎていかんようと訊くと、彼はいつも変ににやにやしながら、どうも俺は米を食いすぎていかんようだね、なぞとほざく。ずいぶん貧乏もしているようだが、いまだかつて泣き言をいったことがない。いまどき、まことに不通用な男である。

しかし、逢ってごらんになるとわかるが、人間はしごく上人《じようにん》で、誰にでも好かれる。いくら苦労をしても、下卑ないところが、育ちである。もっとも、彼は飯より好きな本さえ読ましておけば、腹が空かない性らしい。口すぎの暇さえあると、白銅を握ってせっせと図書館通いをしている。なにを漁っているのだか知らないが、とにかくこればかりは真剣らしい。

二年ばかり前にも、彼は各方面にわたる歴史上の人物の逸話を網羅した『珍談奇談集』というへんてこなものを出版したが、さらにこんどはまた、この『猟奇史』を梓に上せた。これはまったく稀にみる奇書である。二百に達する小話は、どれを読んでみてもおもしろい。猟奇的な趣味は本人の天性なのだから、嘘がない。あえて提灯をもつゆえんは、そこにあるのである。

富岡は、なおまた江戸時代ばかりでなく、上代から明治以後の珍資料も、いませっせと蒐集しているそうである。これもやがて世に出して、みなさんに迷惑をかけるつもりらしい。この道楽はむろん、一方、彼の貧を忘れる緩衝地帯にもなるらしいが、彼ほど脱俗しきれない私は、小学時代の華やか美少年の彼を想起すると、ちょっと寂しくなる。

かりにこの本が一冊でもよけいに売れてくれれば、すなわちそれだけ多くの米塩の代を、彼の愛すべき女房と子供たちに贈る理合《りあ》いになるのであるから、江湖《あがな》の志子仁人よ、わが陋巷《ろうこう》の篤学な好事家にねぎらうために、どうか枉《ま》げて一本を購われんことを伏してお願いいたす次第である。

昭和七年十一月一日

栃木県日光町外山原仮寓にて

長田　幹彦

＊本文庫は、富岡直方『日本怪奇物語――明治大正昭和篇』（二松堂書店、一九三五年二月刊）を、新字新仮名遣いに改めたものである。巻末の長田幹彦「稀にみる奇書」は、同年刊行の『江戸時代篇』の「序」を改題したものである。なお、文中の〔 〕内に補った現在の地名表記などについては、同内容書『日本猟奇史』の国書刊行会による復刊（明治時代篇／大正・昭和篇、二〇〇八年刊）の編註も参考にさせていただいた。また、本文中には今日では差別的にとられかねない表現が散見されるが、発表時の時代状況を鑑み、当時の新聞・雑誌表記の記述にしたがった。なお、富岡直方氏の著作権継承者にお心当たりのある方は、編集部までご一報願えると幸いです。

日本怪奇物語《にほんかいきものがたり》

二〇二四年　六　月一〇日　初版印刷
二〇二四年　六　月二〇日　初版発行

著　者　富岡直方《とみおかなおかた》
発行者　小野寺優
発行所　株式会社河出書房新社
〒一六二-八五四四
東京都新宿区東五軒町二-一三
電話〇三-三四〇四-八六一一（編集）
〇三-三四〇四-一二〇一（営業）
https://www.kawade.co.jp/

ロゴ・表紙デザイン　粟津潔
本文フォーマット　佐々木暁
本文組版　株式会社ステラ
印刷・製本　中央精版印刷株式会社

Printed in Japan　ISBN978-4-309-42112-4

日本怪談実話〈全〉

田中貢太郎 41969-5

怪談実話の先駆者にして第一人者の田中貢太郎の代表作の文庫化。実名も登場。「御紋章の異光」「佐倉連隊の怪異」「三原山紀行」「飯坂温泉の怪異」「松井須磨子の写真」など全234話。解説・川奈まり子

実話怪談　でる場所

川奈まり子 41697-7

著者初めての実話怪談集の文庫化。実際に遭遇した場所も記述。個人の体験や、仕事仲間との体験など。分身もの、事故物件ものも充実。書くべくして書かれた全編恐怖の28話。

日本怪談集　奇妙な場所

種村季弘〔編〕 41674-8

妻子の体が半分になって死んでしまう家、尻子玉を奪いあう河童……、日本文学史に残る怪談の中から新旧の傑作だけを選りすぐった怪談アンソロジーが、新装版として復刊！

日本怪談集　取り憑く霊

種村季弘〔編〕 41675-5

江戸川乱歩、芥川龍之介、三島由紀夫、藤沢周平、小松左京など、錚々たる作家たちの傑作短篇を収録。科学では説明のつかない、掛け値なしに怖い究極の怪談アンソロジーが、新装版として復刊！

見た人の怪談集

岡本綺堂 他 41450-8

もっとも怖い話を収集。綺堂「停車場の少女」、八雲「日本海に沿うて」、橘外男「蒲団」、池田彌三郎「異説田中河内介」など全十五話。

戦前のこわい話〈増補版〉

志村有弘〔編〕 41971-8

明治から戦前までにあった、怪談実話、不可解な物語、猟奇事件を生々しく伝える、怪奇と恐怖の実話アンソロジー。都会や村の民間伝承に取材した怖ろしい話。2009年版に、山之口貘「無銭宿」を増補。